Covid-19
Quel impact sur l'aviation civile ?

L'aviation commerciale durant la décennie 2020

A H ALEXANDER

« Dépôt légal » Juin 2021.

ISBN : 9791069974555

C'est avec beaucoup d'émotion, que je remercie Catalina, Alexander, Charles et Charlotte, d'être mes plus grands soutiens, toujours présents à mes côtés, me donnant tout et m'apprenant tellement, tous les jours. Mon amour pour eux est sans limite.

Table des matières

Acronymes

AESA : Agence Européenne de la Sécurité Aérienne
APEX : Airline Passenger Experience Association
ATFCM : Air Traffic Flow and Capacity Management
ATFM : Air Traffic Flow Management
BEUC : Bureau européen des unions de consommateurs
CDB : Commandant de Bord
CECAC : Cellule Européenne de Coordination de l'Aviation en situation de Crise
CEN : Certificat d'Examen de Navigabilité
CORSIA : Carbon Offsetting and Reduction Scheme for International Aviation
CTOT : Calculated Take-Off Time
CVR : Cockpit Voice Recorder
DGAC : Direction Générale de l'Aviation Civile
EAU : Émirats Arabes Unis
EdV : Entreprises du Voyage
FAA : Federal Aviation Administration
FAS : Forces Aériennes Stratégiques
FCOM : Flight Crew Operating Manual
FCTM : Flight Crew Training Manual
FIR : Flight Information Region
FMP : Flight Management Position
FMS : Flight Management System
FONDAPOL : Fondation pour l'Innovation Politique
GMF : Global Market Forecast
IATA: Association du Transport Aérien International
IBT : In-Block Time
LT : Landing Time
MORPHÉE : Module de Réanimation pour Patient à Haute Élongation d'Évacuation
MRTT : Multi Role Transport Tanker

MTW : Maximum Takeoff Weight
OACI : Organisation de l'Aviation Civile Internationale
OBT : Off-Block Time
OMS : Organisation Mondiale de la Santé
OPL : Officier Pilote de Ligne
PDG : Président Directeur Général
PFD : Primary-Flight-Dispay
PIB : Produit Intérieur Brut
PIF : Postes Inspection Filtrage
PKP : Passager-Kilomètre-Payant
PNC : Personnel Navigant Commercial
PNT : Personnel Navigant Technique
RFID : Identification par Radiofréquence
RVSM : Reduced Vertical Separation Minimum
SETO : Syndicat des Entreprises du Tour-Operating
SID : Standard-Instrument-Departure
SSA : Service de Santé des Armées
TFUE : Traité sur le fonctionnement de l'Union Européenne
TOT : Take-Off Time
UE : Union européenne
UFC : Union fédérale des consommateurs
WSF : Fonds de Stabilisation Économique
WTC : World Trade Center

Avant-Propos

Ce livre est un mémoire de recherche de troisième cycle universitaire, qui vient conclure cinq années d'études en faculté de droit, spécialisées en Relations Internationales et Diplomatie « RID ».

Avec le directeur de recherche, nous avons choisi de travailler sur l'impact de la Covid-19 sur l'aviation civile en général, et plus particulièrement sur l'incidence de la pandémie mondiale sur l'aviation commerciale, qui est, sans nul doute, l'un des secteurs les plus touchés, en raison des décisions politiques, relatives au contexte sanitaire, qui visent à endiguer le virus.

Nous profitons de cette double expertise, aussi bien dans le domaine de l'aéronautique, comme Pilote de ligne et instructeur, que dans le domaine des relations internationales, où nous avons profité d'un accompagnement au quotidien et de conseils précieux, de la part de tous les Professeurs et Maîtres de conférences, tout au long de nos études, afin de nous hisser à un haut niveau dans l'analyse et la recherche.

Cet ouvrage met en exergue les différents aspects de cette crise, qui sont aussi bien économiques, politiques, sanitaires et peut-être même civilisationnels, tout en proposant une analyse introspective de ses répercussions sur l'aviation commerciale. C'est le premier livre qui traite de ce sujet multipolaire crucial, dont les enjeux, pour les années à venir, sont majeurs, et concernent en première ligne les 87 millions d'individus qui travaillent dans le secteur de l'aérien, ainsi que les milliards de passagers qui prennent l'avion à travers le monde, chaque année.

Cette étude ne prétend pas répondre à toutes les questions rétrospectives, car il y a beaucoup trop d'évènements à prendre en considération. Elle n'est certainement pas non plus sans faille, des erreurs peuvent survenir, dans le fond comme dans la forme. Cette analyse propose une grille de lecture permettant une nouvelle approche de la crise de l'aviation civile, durant la Covid-19, pour en saisir les nuances par rapport aux crises passées.

Notre recherche a été modifiée de sa version originale, remise au jury, afin de l'adapter aux normes de formats de publication de livres brochés et de livres électroniques.

Introduction

Le 8 février 1919, le Goliath Farman, un aérobus bimoteur bombardier militaire, reconverti en avion de transport, relie Paris à Londres en 3h33 de vol, avec douze passagers à son bord.[1]

Ce vol est une première mondiale, qui marque la naissance du transport aérien civil. Cet évènement est une véritable révolution mondiale en matière de communication et d'échanges entre les peuples, qui n'ont eu de cesse de s'accroitre au cours des années.

L'aviation commerciale est, par rapport à d'autres industries, un secteur modeste quant à sa taille humaine, mais qui pèse très lourd sur la balance stratégique, économique, financière et commerciale, de tous les pays du monde, ou presque.

De nouveaux États émergents, ont fondé toutes leurs stratégies marketing, leurs pouvoirs financiers, leurs relations diplomatiques, leurs politiques d'influences, et même leurs actions militaires, sur la seule base de l'image véhiculée, à travers le monde, de leurs compagnies aériennes nationales. L'aéronautique a placé, sur l'atlas mondial, des régions entières, encore méconnues il y a deux décennies. Qui, avant la création d'Emirates et de Qatar Airways, connaissait Dubaï et Doha ? Qui, en Europe connaissait Beauvais, située à cent kilomètres au nord

[1] Bonniel, M.-A. (2019, février 7). Il y a 100 ans le premier vol commercial d'un aérobus entre Paris et Londres. Retrieved from Le figaro.fr: https://www.lefigaro.fr/histoire/archives/2019/02/07/26010-20190207ARTFIG00265-il-y-a-100-ans-le-premier-vol-commercial-d-un-aerobus-entre-paris-et-londres.php

de Paris en France, ou bien Lublin, la neuvième ville de Pologne par son nombre d'habitants, ou encore Zvartnots, une banlieue de la capitale de l'Arménie, avant que le géant du low-cost Ryanair, n'en fasse des destinations attractives ?

Les succès, les échecs, les développements, les innovations, les incidents et les accidents, dans le secteur aéronautique, sont suivis par des centaines de millions d'individus, tous les jours, et presque en direct. L'aviation concerne désormais tout le monde. De l'enfant qui rêve de piloter un avion, au richissime homme d'affaires qui possède son propre jet privé, en passant par la mère de famille qui cherche une destination exotique pour les prochaines vacances d'été ou encore un ouvrier, d'un pays du tiers-monde, qui va travailler à l'étranger, tous ont un jour pensé à l'avion.

Il n'a jamais été aussi simple de voyager, très loin, et très vite, de toute l'histoire de l'humanité. La planète est devenue, grâce à l'aviation commerciale, un village mondial. Pourtant, c'est cette caractéristique fondamentale, propre à son existence, de connecter les êtres humains partout sur terre et sans limite, qui va, à partir de 2020, lui porter préjudice.

En ce début de décennie, un coronavirus SARS-CoV-2, alors baptisé Covid-19, commence à sévir. L'origine de ce virus est encore inconnue, ou en tout cas, très discutée dans le milieu scientifique. Certains pensent qu'il se serait échappé d'un laboratoire P4 à Wuhan en Chine, d'autres penchent sur la thèse d'une mutation naturelle, mais pour l'instant rien n'est encore sûr.[2]

---

[2] OMS. (2021). WHO-convened global study of origins of SARS-CoV-2. scientifique, WHO. Retrieved Avril 21, 2021, from https://www.who.int/publications/i/item/who-convened-global-study-of-origins-of-sars-cov-2-china-part.

Ce dernier provoque une panique mondiale avant même d'avoir infecté qui que ce soit en dehors de la chine, qui a signalé ses premiers cas. Les États prennent la mesure du danger imminent et décident, presque par consensus, de confiner leurs peuples. Enfants et parents, jeunes et personnes âgées, étudiants et salariés, bien portants et malades, se retrouvent enfermés chez eux, et ensemble. Ces mesures de restrictions inédites ne sont pas sans impact sur l'humanité, sur l'économie mondiale, sur les relations internationales, sur la diplomatie et évidemment sur l'aviation civile en général et commerciale en particulier. Des vols annulés, des aéroports fermés, des compagnies aériennes très vite dans le rouge et bientôt à l'agonie.[3]

Des centaines de milliers d'employés du secteur aérien au chômage, des drames humains sans précédent visibles au grand jour et des tensions naissent, entre ceux qui se veulent rassurants, et d'autres qui ne voient la vie que par le prisme du virus.

Toutefois, cette crise n'est pas la première que le monde de l'aéronautique ait connue. On se souvient tous des images effroyables des attentats du 11 septembre 2001, à New-York, dont, l'ensemble de la planète, a suivi les tragédies en direct. Ces vidéos terrifiantes de deux avions de ligne, de type Boeing 767-200, percutant les tours jumelles, de 541 mètres de hauteur, du World Trade Center « WTC » ont bien évidemment, démotivé beaucoup de passagers dans leurs envies d'aventures et de voyages.

[3] Rusi, S. (2020, Juillet 30). Coronavirus : liste des compagnies aériennes qui ont fait faillite au cours de cette période. Retrieved from fr.airlinestravel.ro: https://fr.airlinestravel.ro/coronavirus-lista-companiilor-aeriene-care-au-falimentat-in-aceasta-perioada.html

Néanmoins, la crise qui en découla, malgré ses dimensions inédites en ce début de siècle, ne fut que tristement éphémère. En effet, une étude menée par l'Association du Transport Aérien International « IATA » qui représente actuellement 290 compagnies aériennes, réparties dans plus 120 pays et qui constitue près de 82% du trafic aérien mondial, sur l'impact des attaques terroristes 11/9, sur les compagnies aériennes étasuniennes, a démontré que ces malheureux évènements ont eu des conséquences conjoncturelles distinctes, à court terme et d'autres dans la durée, qui ne sont pas nécessairement liées les unes aux autres, mais, qui s'inscrivent naturellement sous le dénominateur commun de la lutte contre le terrorisme.

Les deux années qui ont précédé ces attaques, ont été les plus importantes en matière de croissance économique du secteur de l'aviation commerciale, depuis les années 1970. À court terme, les évènements de 2001, ont, sur les quatre à cinq mois qui ont suivi ces tragédies, été la source d'une diminution de la demande de voyage de près de 31%. À cet égard, une unité de mesure appelée Passager-Kilomètre-Payant « PKP », calcule la quantité de transports dit volume de transport, correspondant au transport d'une personne sur un kilomètre. Cette décroissance rapide est associée à une baisse des coûts des charges totaux de 7,3%, dont ont finalement découlé des pertes de revenus, pour ces opérateurs, qui s'élevaient à plus de 9,1 milliards de dollars américains (9,1 M$).[4]

La peur du terrorisme explique à fortiori la réticence des voyageurs habituels à prendre l'avion immédiatement, mais au bout de

[4] Pearce, B. (2006). THE IMPACT OF THE 9/11 TERRORIST ATTACKS. Rapport Economique. Récupéré sur https://www.iata.org/en/iata-repository/publications/economic-reports/impact-ofsept-11th-2001-attack/

quelques mois, quand les médias et les politiques passent doucement à autre chose, que la panique générale commence à s'estomper, et que les inquiétudes et l'anxiété se dissipent petit à petit, un schéma plus adéquat de la situation peut alors être observé et analysé.

L'impact des attaques terroristes du 11 septembre 2001, à long terme, est bel et bien permanent sur l'aviation civile, qui a dû se redéfinir pour faire face à ce nouveau paradigme sécuritaire. Les nouvelles exigences, en matière de sécurité aéroportuaire et de sûreté aérienne, n'ont fait que soumettre les voyageurs à des contrôles, toujours plus nombreux et plus longs, qui rallongent de plusieurs heures, le temps imparti aux procédures d'enregistrements, de dépôts de bagages, de contrôles aux frontières, de passage aux postes inspection filtrage « PIF », d'énième contrôle en zones d'embarquement, puis parfois aux portes des avions, avant de s'installer à son siège et de décoller. Un passager arrivé en grande forme à l'aéroport, ne s'installe enfin pas à bord de son avion, qu'au bout de quelques heures, en transpiration et fatigué, comme après avoir couru un marathon.

Ces contraintes ont démotivé les Hommes d'affaires, notamment aux Etats-Unis, qui avaient l'habitude de voyager entre les différents États, pour assister à des réunions de travail, partant le matin et rentrant le soir chez eux. Les normes de sécurité imposées par les gouvernements ne permettent plus les voyages commerciaux faciles et rapides, il a donc fallu se résigner à beaucoup moins voyager ou bien choisir l'option de l'aviation privée, beaucoup trop coûteuse pour la grande majorité des businessmen et leurs entreprises.

Le PKP a donc définitivement diminué de 7,4% par rapport aux prévisions annoncées pour cette année 2001, et les revenus des compagnies aériennes ont perdu 10,7%, sans jamais pouvoir être compensés.

Malgré cette crise sans précédent, décrite brièvement plus haut, elle n'entraîna, par exemple, la faillite que de huit compagnies aériennes, dont la très prestigieuse Swissair, connue pour avoir été la compagnie des milliardaires. Le 2 octobre 2001, c'est le monde entier qui se réveille à l'annonce de cette nouvelle choquante, provenant de la Suisse, dont le fleuron national de l'aviation commerciale, vient de faire faillite. Les avions de la compagnie Swissair sont cloués au sol, l'entreprise n'a plus assez d'argent pour payer le kérosène. Cette journée est qualifiée de « mardi noir », une hôtesse de l'air décrit la situation : « *Un monde s'est écroulé* ».[5]

D'autres compagnies aériennes ont également déposé le bilan ; c'est le cas par exemple de la Belge Sabena, qui croulait déjà sous les dettes avant les attentats de New-York, et qui a fini par disparaître avec cette crise et donnera naissance à Brussels Airlines.[6]

Quelques années plus tard, en 2008, ce sont deux crises majeures successives, dont les origines étaient intrinsèquement liées, qui frappèrent, de plein fouet, l'industrie aéronautique :

- L'inflation du prix du baril de pétrole ;
- La crise banquière et financière.

En juin 2007, le prix du baril de pétrole, déjà élevé, atteignait les 88,28 $. Exactement, un an plus tard, en juin 2008, ce prix s'élevait à 166,46 $.[7]

---

[5] Il y a 15 ans, Swissair restait cloué au sol. (2016, octobre 2). Consulté le Janvier 7, 2021, sur swissinfo.ch: https://www.swissinfo.ch/fre/mythe-national_il-y-a-15-ans-swissair-restait-clou

[6] V.S. (2001, Novembre 06). Sabena, une faillite sans précédent. Récupéré sur lalibre.be: https://www.lalibre.be/economie/entreprises-startup/sabena-une-faillite-sans-precedent-51b875a6e4b0de6db9a667ca

[7] Macrotrends. (s.d.). Consulté le Janvier 8, 2021, sur https://www.macrotrends.net/1369/crude-oil-price-history-chart

Cette augmentation nette du prix du pétrole a causé un séisme des marchés financiers tels, que des économistes et des observateurs l'ont qualifié de « troisième choc pétrolier » en comparaison avec les chocs pétroliers de 1973 et 1979 ; toutefois, certains se sont montrés plus prudents considérant cette analogie biaisée.[8]

De ce fait, l'aviation commerciale n'a évidemment pas été épargnée, bien au contraire ! Dans les six premiers mois de l'année 2008, la flambée des cours du carburant entraîna la faillite de 25 opérateurs aériens, dont une grande majorité jouissait encore de résultats positifs l'année précédente.[9]

Dans un communiqué datant du 3 septembre 2008, l'IATA prédisait une perte de 5,2 M$ en raison du prix élevé du carburant qui représentera, pour l'année 2008, 36% des coûts d'exploitation des compagnies aériennes, contre 13% seulement en 2002.

Giovanni Bisignani, ancien Président Directeur Général « PDG » de cette organisation, entre 2002 et 2011, l'instigateur de plusieurs réformes importantes dans le monde de l'aviation, notamment le suivi des bagages par l'identification par radiofréquence « RFID »[10], déclarait à propos de cette crise mondiale dans ce même communiqué numéro

---

[8] Bezat, E. L.-M. (2008, Juin 4). lemonde.fr. Consulté le janvier 8, 2021, sur https://www.lemonde.fr/economie/article/2008/06/04/faire-face-au-troisieme-choc-petrolier_1053624_3234.html

[9] Lapresse. (2008, Juillet 8). Consulté le janvier 08, 2021, sur https://www.lapresse.ca/affaires/economie/200901/06/01-689906-25-compagnies-aeriennes-ont-cesse-leurs-activites.php#:~:text=%C3%80%20titre%20de%20comparaison%2C%20au,ou%20encore%20Ansett%20(Australie).

[10] IATA. (2019). Résolution : Vers le déploiement mondial du suivi des bagages par RFID. Communiqué, Séoul. Récupéré sur https://www.iata.org/contentassets/638cad2c0eb6464eaa4ae176a2b98bcb/2019-06-02-05-fr.pdf

41 : « *En 2008, nous avons vu plus de faillites de compagnies aériennes qu'après les événements du 11 septembre* ».[11]

Quelques semaines plus tard, une crise grandissante des prêts immobiliers aux États-Unis « Subprimes », associée à l'effondrement du prix du Baril de pétrole qui atteignit 51,35 $ en janvier 2009, provoquèrent un krach boursier explosif, plus violent encore par sa durée et sa dimension globale, que la grande dépression de 1930.[12]

L'éruption du volcan islandais Eyjafjallajökull, le 14 avril 2010, est une catastrophe naturelle, dont l'impact sur l'aéronautique fut tout aussi désastreux que son incidence sur l'écosystème. La fermeture de tout l'espace aérien européen, a contraint au moins dix millions de passagers à rentrer chez eux ou rester dans des hôtels, pendant plusieurs semaines. Des entreprises, déjà en difficultés, ont déposé le bilan et l'économie mondiale a tremblé. L'annulation de plus de cent mille vols, a coûté jusqu'à un 1,7 M€ aux compagnies aériennes, soit près de 200 millions d'euros (200 m€) par jour d'opérations interrompues, avec un record de perte, durant les trois premiers jours, de 400 m€ par jour, selon l'IATA.[13]

---

[11] IATA. (2008, Septembre 3). COMMUNIQUÉ N°:41. Communiqué. Consulté le Janvier 7, 2021, sur iata.org: https://www.iata.org/contentassets/817b241046dd45eda561fbf89e184ff8/french-pr-2008-09-03-01.pdf

[12] Ricol, R. (2008). Rapport sur la crise financière. Rapport officiel, Paris. Consulté le 16 avril, 2021, sur https://www.vie-publique.fr/sites/default/files/rapport /pdf/084000587.pdf

[13] IATA. (2010). Volcano Crisis Cost Airlines $1.7 Billion in Revenue - IATA Urges Measures to Mitigate Impact. Rapport de Presse N°15. Consulté le Avril 17, 2021, sur https://www.iata.org/en/pressroom/pr/2010-04-21-01/

Cet évènement terrible a littéralement paralysé le trafic aérien mondial et a mis en lumière les fragilités de ce secteur. La dimension globale de l'aviation civile, qui fut pendant des décennies son poumon artificiel, a causé pendant quelques jours, son asphyxie.

Ce fait dramatique a également donné lieu à des débats houleux entre experts aéronautiques, qui ont émis l'hypothèse que les avions civils pouvaient voler, sans que cela ne les mette en danger, et les autorités de l'aviation civile, qui ont préféré interdire tous les décollages, par principe de précaution, bien qu'ils naviguaient eux-mêmes à l'aveuglette à ce moment, étant donné qu'ils disposaient de trop peu d'informations pour prendre les décisions appropriées à la situation.[14]

Pourtant, ce n'est pas la première fois de l'histoire que les autorités aériennes sont amenées à prendre des mesures pour contrer les effets dévastateurs des nuages de cendres sur l'aviation civile. Le 24 juin 1982, le volcan indonésien Galunggung, situé à 160 kilomètres au sud-est de Jakarta, rentre en éruption et ses nuages de cendres causent l'arrêt des réacteurs, de deux avions civils, durant leurs vols. Le plus connu de ces appareils est un avion de type Boeing 747-200B, appartenant à la compagnie nationale anglaise, British Airways.[15]

La très célèbre série qui enquête sur les incidents et accidents aériens « Mayday, danger dans le ciel », a dédié un épisode complet à ce vol très spécial.

---

[14] Miserey, Y. (2011, Avril 27). lefigaro. Consulté le Janvier 11, 2021, sur https://www.lefigaro.fr/sciences/2011/04/27/01008-20110427ARTFIG00677-volcan-islandais-le-danger-etait-reel-pour-les-avions.php

[15] BBC. (2010, Avril 15). When volcanic ash stopped a Jumbo at 37,000ft. Récupéré sur news.bbc.co.uk: http://news.bbc.co.uk/2/hi/uk_news/magazine/8622099.stm

Le jour de l'éruption, le vol « Speedbird 9 »[16], reliant Londres à Auckland en Nouvelle-Zélande, avec cinq escales en route, à Bombay, Chennai, Kuala-Lumpur, Perth et enfin Melbourne, était en vol au-dessus de l'Indonésie en direction du sud-est vers Perth, à son altitude de croisière de 37.000 pieds (≈ 11 km), quand les pilotes ont commencé à voir, de manière très dense sur le pare-brise de leur avion, des feux de Saint-Elme.

Ce phénomène est bien connu des pilotes, qui l'observent régulièrement pendant les vols, durant la traversée de zones où les conditions météorologiques sont défavorables, particulièrement près d'un nuage appelé « Cumulonimbus ». Ce nuage, dont la base peut se trouver à quelques centaines de mètres seulement du sol, peut parfois s'élever jusqu'à une altitude de 60.000 pieds (≈ 18 km) et ainsi avoir sa base dans la troposphère et sa pointe dans la stratosphère, là où les avions civils ne volent pas. Le cumulonimbus est chargé de fortes pluies, de grêles, d'orages, de rafales de vent, et s'avère être extrêmement dangereux pour la navigation aérienne. Les procédures de vol appliquées par les aviateurs sont d'éviter ces nuages, latéralement de 20 milles nautiques (37 km), et verticalement d'au moins 5.000 pieds (≈ 1.5 km).

Dans les nuages d'orage, l'air est dit « ionisé ». Les particules d'eaux et de glaces se frottent les unes sur les autres en raison des courants d'air, chauds ascendants, et froids descendants. L'effet triboélectrique opère un transfert de charge, aboutissant à la séparation des charges positives qui se logent dans la partie haute du nuage, et les charges négatives qui se logent dans la partie basse du nuage.

---

[16] Speedbird est l'indicatif donné aux avions de la British-Airways, qui est suivie d'un numéro qui détermine le vol. De la même manière, Dragon est l'indicatif de Dragonair ou Cactus l'indicatif de l'US Airways, etc.

Durant les vols à haute altitude et à grande vitesse, dans ces zones orageuses, la forme pointue d'un avion, entraîne une augmentation considérable du champ électrique, au niveau de son radôme.[17]

Par effet de pointe, les charges positives se concentrent dans ce petit rayon, et le champ électrique devient maximal à l'extrémité avant de l'aéronef. La recombinaison des ions et des électrons, par le flottement des particules d'air sur l'avion, s'accompagne d'émanations de lumières, de couleurs bleues et violettes dues à l'ionisation du diazote et dioxygène, par effet corona, ou décharges par effet couronne.

Voir ces petits orages sur le pare-brise et sur les bords d'attaques d'un avion, quand on vole près de nuages orageux, est tout à fait normal, mais il est irrationnel de voir ce phénomène avec l'intensité énergique décrit par l'équipage du BA009, alors même que le ciel était tout à fait clair et qu'il n'y avait pas un nuage affiché sur le radar. Les transmissions radiotéléphoniques, entre les pilotes et le contrôle au sol, étaient même très perturbées.

Dans les minutes qui suivirent, le commandant de bord « CDB » Eric Henry Moody, l'Officier pilote de ligne sénior « OPL », Roger Greaves, ainsi que l'ingénieur de bord Barry Townley-Freeman, assistent impuissants à l'extinction du réacteur numéro quatre, à l'extrémité de l'aile droite. Jusqu'à là, il n'y a pas vraiment de raisons de s'inquiéter,

---

[17] Radôme est la contraction de radar et de dôme. Il est situé à l'avant d'un aéronef, et a une forme conique, qui participe à l'aérodynamisme de l'avion. Le radôme renferme le radar météorologique qui renseigne les pilotes sur les types et les composants des nuages autour de leurs avions durant le vol. Il est strictement interdit de démarrer ce radar au sol, car les fortes radiations qu'il émet, peuvent, à termes, mettre en danger la vie du personnel qui travaillent devant l'avion, comme les ingénieurs et les mécaniciens.

car sur un appareil comme le Boeing 747, doté de quatre réacteurs, en perdre un n'est pas nécessairement une urgence, tant qu'il n'y a pas de dommages collatéraux comme une explosion ou un feu incontrôlable. Il suffit, en réalité, de sécuriser ce réacteur en l'éteignant, de faire un calcul de performance, tout en considérant quelques variables liées au bon déroulement du vol, pour ainsi prendre la décision adéquate, qui convient le mieux à la situation, soit de poursuivre le vol vers la destination, soit d'atterrir sur l'aéroport le plus proche.

Malheureusement, quelques secondes plus tard, le réacteur numéro deux, sur l'intérieur de l'aile droite, s'éteint à son tour. Perdre deux réacteurs sur quatre, c'est être privé de 50% des capacités de vol d'un avion, ce qui induit obligatoirement, quelle que soit la situation à laquelle doivent faire face les pilotes dans le cockpit, de commencer les procédures de déroutement et d'atterrissage d'urgence, sur l'aéroport adéquat le plus proche, en déclarant à la radio un « Mayday ».

Cet appel est un signal lancé aux contrôleurs et autres appareils en vol, que le niveau d'urgence, le plus élevé, est atteint. À ce moment précis, tout l'espace aérien, autour de cet avion, est dégagé, toutes les pistes d'atterrissage des aéroports qui se trouvent sur sa route, sur lesquelles l'aéronef pourrait éventuellement se poser, sont vidées, et tous les moyens nécessaires, humains et matériels, sont réquisitionnés, pour aider cet appareil à atterrir en toute sécurité.

Mais la Reine des cieux[18] n'en est pas au bout de ses surprises. Dans la foulée, les réacteurs un et trois s'éteignent. Sans ses réacteurs, un

---

[18] Surnom donné au Boeing 747 car cet avion fut pendant très longtemps, l'avion préféré des compagnies aériennes. Howell, J. (2020, Juillet 17). How Boeing's 747 became the 'Queen of the Skies'. Récupéré sur bbc.com: https://www.bbc.com/news/av/business-53448997

avion ne développe plus de poussée en palier. La résultante des forces aérodynamiques qui s'exercent sur l'avion, composées du poids de l'aéronef et de sa traînée de frottement, qui le font descendre, est supérieure à la résultante des forces aérodynamiques composées de la poussée des réacteurs et de sa portance, qui le maintiennent en l'air. L'avion perd donc nécessairement sa vitesse, puis son altitude.

Sur un Boeing 747, les moteurs servent également à maintenir la pressurisation de la cabine, en injectant de l'air par un système de régulation complexe. Comme les réacteurs étaient à l'arrêt, la cabine a commencé à se dépressuriser et le niveau d'oxygène à baisser, les masques à oxygène sont alors automatiquement tombés du plafond de la cabine, pour les passagers. L'apport en oxygène est limité dans le temps, de l'ordre de 20 minutes approximativement, ce qui varie en fonction du type d'aéronef.

Si une décompression survient durant un vol, la procédure à appliquer immédiatement est de descendre, le plus rapidement possible, à une altitude où il y a suffisamment d'oxygène pour pouvoir respirer sans les masques, c'est-à-dire en dessous de 14.000 pieds (≈ 4,3 km). Mais quand il y a une panne moteur en vol, la procédure est de descendre le plus lentement possible, afin de parcourir la plus grande distance horizontale en perdant le moins d'altitude. C'est un véritable dilemme pour le personnel navigant technique « PNT », faut-il descendre vite pour respirer, ou descendre doucement pour ne pas percuter le sol ?

Si les pilotes avaient voulu maintenir l'altitude de 37.000 pieds, à laquelle l'appareil se trouvait, sans poussée, il aurait alors fallu tirer sur le manche, cabrer l'avion vers le haut, pour transformer l'énergie cinétique en énergie potentielle. Mais l'énergie cinétique, ou le mouvement de l'avion vers l'avant, grâce à la poussée, était déjà en diminution, car les réacteurs ne fonctionnaient plus. Augmenter l'angle d'incidence pour compenser la perte d'altitude, n'aurait qu'amené l'avion, plus vite, vers un décrochage, qui survient obligatoirement à partir d'une certaine valeur d'angle d'incidence, quand l'écoulement du flux d'air, sur la partie haute de l'aile, est décollé de cette dernière. Si l'avion est en situation de décrochage, il ne vole plus, et descend de manière progressive et incontrôlée.[19]

Pour éviter d'approcher du décrochage, qui pourrait potentiellement mettre la vie des 263 personnes à bord en danger, et pour continuer à voler jusqu'à l'aéroport le plus proche, les pilotes ont été obligés de mettre le Superjumbo en descente en vol plané. Pour cela, ils ont calculé, l'attitude de tangage adaptée, qui allait leur offrir une vitesse suffisante pour continuer à voler, sans trop perdre d'altitude, et pouvoir ainsi parcourir la plus longue distance possible, sans réacteur. Cette caractéristique aérodynamique des avions est appelée « finesse ». Elle correspond au rapport de la portance d'un avion sur sa traînée aérodynamique, égale à la distance horizontale parcourue sur la hauteur perdue.[20]

$$\text{Finesse} = \frac{Vp}{Vz} = \frac{P}{T} = \frac{Cz}{Cx} = \frac{\text{distance horizontale parcourue}}{\text{hauteur perdue}}$$

Vp : Vitesse propre P : Portance Cz : Coefficient de portance
Vz : Vitesse verticale T : Traînée Cx : Coefficient de traînée

[19] Tytelman, X. (2014, Août 10). Qu'est-ce que le « décrochage » d'un avion de ligne. Récupéré sur peuravion.fr: http://www.peuravion.fr/blog/2014/08/decrochage-avion-de-ligne/

[20] Cabanes, B., Loukakos, N., & Baudry, P. (2011). Guide pratique du pilote de ligne. Eyrolles. Retrieved Avril 19, 2021

Sur un Airbus, le meilleur ratio, portance/traînée, est représenté par une vitesse appelée « Green Dot Speed », qui s'affiche sur l'écran de vol principal « PFD ».

L'avionneur américain Boeing, a déterminé, durant les essais en vol, que le Boeing 747, à sa masse maximale au décollage « MTOW », a une finesse environ égale à « 18 ». Cela signifie que l'avion peut, théoriquement, perdre mille mètres d'altitude, tous les 18.000 mètres parcourus.

Pour le cas précis du vol Speedbird 9, l'avion peut, sans réacteurs, parcourir, en principe, environ 160 kilomètres avant de toucher le sol. En réalité, le Boeing, dans ce cas de figure peut voler sur une plus grande distance, étant donné qu'il n'est pas à sa masse maximale et qu'il profite déjà de l'inertie de la poussée accumulée auparavant.

D'ailleurs, à propos de vol plané, le vol 236 de la compagnie Air-Transat, reliant Lisbonne - Portugal, à Toronto – Canada, le 24 août 2001, a perdu ses deux réacteurs durant la traversée de l'Atlantique, à cause d'une fuite de kérosène. L'Airbus A330 a plané sur environ cent kilomètres, à partir d'une altitude de 37.000 pieds (≈ 10 km), et a pu arriver un peu haut sur son aéroport de déroutement, sur la base aérienne de Lajes dans l'archipel des Açores, et atterrir sans trop de dommages.

Finalement, le vol BA009, a réussi à descendre au taux de chute le moins élevé pour franchir la plus grande distance, mais à une altitude à laquelle les personnes à bord de l'appareil, pouvaient respirer à peu près normalement. Atteignant une altitude d'environ 13.000 pieds (≈ 4 km), les pilotes du Boeing 747 ont réussi à redémarrer les réacteurs un à un, et à s'établir à une altitude de 11.500 pieds (≈ 3 km), afin de passer au-dessus des montagnes, sur la côte près de Jakarta. Bien que les feux de Saint-Elme aient recommencé, et que le réacteur numéro deux s'arrêta à nouveau, les pilotes ont fait une approche aux instruments et ont posé l'appareil, en toute sécurité, sur l'aéroport de Jakarta.[21]

À terre, l'équipage et leurs passagers ont découvert un avion dans un état désastreux. Le pare-brise était complètement rayé, le fuselage totalement poncé, et à certains endroits, la peinture avait disparu.

L'enquête révélera par la suite, que le volcan a projeté dans l'atmosphère, à plus de 14.000 mètres d'altitude, un nuage de cendres, poussé par les vents vers le sud-ouest, le positionnant sur la trajectoire de vol de l'avion. La cabine de l'appareil fut infestée de fumée de soufre causant les troubles de respiration des passagers, déjà affectée par la dépressurisation lente.

Les réacteurs rayés, ont été étouffés par une fine poussière, composée de morceaux de roches et de minéraux solides, identifiés comme étant des cendres volcaniques. Avec beaucoup de carburants dans les réacteurs, et très peu d'oxygène arrivant par les flux d'air, à cause des bouchons qu'ont constitué les roches portées par le nuage de cendres, la combustion s'est faite à l'extérieur, au niveau de l'échappement plutôt que dans la chambre de combustion prévue pour l'opération. Ceci a donné naissance à un phénomène de pompage qui a entraîné l'arrêt des réacteurs.

Plus tard, avec le refroidissement des moteurs dû aux températures très basses à haute altitude, les cendres prises dans les réacteurs se sont solidifiées, et la plupart d'entre-elles furent expulsées grâce au vent, ce qui a permis le redémarrage des moteurs.

Depuis cet incident, les autorités aériennes sont en communication régulière avec les observatoires volcaniques, qui, grâce à des stations

---

[21] Tootell, B. (1985). All Four Engines Have Failed: The True and Triumphant Story of Flight BA 009 and the Jakarta Incident.

de surveillances automatiques disposées sur les volcans et reliées à ces derniers par radio haute fréquences, contrôlent toute la journée les volcans sur terre.[22]

Les compagnies aériennes sont, dès lors, sensibilisées aux risques liés aux éruptions et les pilotes entraînés à reconnaître les signes d'un vol dans un nuage de cendres qui est indétectable au radar.

Il a néanmoins fallu attendre, l'éruption du Volcan islandais, pour que les autorités de l'aviation civile prennent la mesure du problème. Cet épisode de l'éruption d'Eyjaöll, a poussé la Commission européenne, Eurocontrol, l'Organisation de l'Aviation Civile Internationale « OACI », ainsi que l'Agence Européenne de la Sécurité Aérienne « AESA », et d'autres acteurs des autorités aériennes, à créer une Cellule Européenne de Coordination de l'Aviation en situation de Crise « CECAC », qui travaille à la formation de groupes d'interventions spécialisées et à la l'élaboration d'outils de gestion de crises dues à des phénomènes naturels, particulièrement concernant les nuages de cendres.[23]

Leur collaboration a porté sur plusieurs axes de développement :[24]

- Mise en place de règles établissant un cadre simplifiant la prise de décision ;

---

[22] Bardintzeff, J.-M. (2016, Novembre 07). Volcan : surveillance, prévision et prévention. Récupéré sur futura-sciences.com: https://www.futura-sciences.com/planete/dossiers/volcanologie-risques-volcaniques-441/page/4/

[23] OACI. (2012). Gestion et coordination des crises régionales . Note de travail, Montréal. Consulté le Avril 18, 2021, sur https://www.icao.int/Meetings/anconf12/WorkingPapers/ANConfWP51.4.1.FR.pdf

[24] EASA. (s.d.). Volcanic Ash. Consulté le Avril 16, 2021, sur easa.europa.eu: https://www.easa.europa.eu/domains/safety-management/volcanic-ash#group-easa-downloads

- Réévaluation des procédures opérationnelles, de vol dans un espace aérien contaminé par les cendres, et de fermeture d'un espace aérien ;
- Contribution à la recherche dans des nouvelles technologies dans la détection et l'évitement des cendres volcaniques ;
- Amélioration de la gestion de crise au niveau européen ;
- Partage d'expérience par des bulletins de sécurité ;
- Rassemblement des principaux acteurs travaillant sur les cendres volcaniques.

Cet exposé concis a donc présenté trois exemples de crises mondiales majeurs, de nature différente, des attaques terroristes les plus médiatisées, aux catastrophes naturelles les plus effrayantes, en passant par des crises financières compliquées, qui ont de fait, impacté le monde du transport aérien commercial.

Mais en réalité, si la globalité des évènements, ayant eu une incidence directe ou indirecte sur l'aviation civile, était prise en considération sur un spectre temporel plus large, pourquoi pas depuis le premier vol motorisé du « Wright Flyer » des frères Wright en 1903[25], jusqu'à la livraison, du premier avion de type Airbus A330 NEO destiné à la compagnie française Corsair, le 31 mars 2021, par le constructeur européen Airbus[26], il aurait alors fallu plusieurs dizaines de livres, au moins, pour décrire tous les évènements et leurs impacts.

[25] McCullough, D. (2016). The Wright Brothers.

[26] Airbus. (2021, Mars 31). Corsair takes delivery of its first A330neo. Récupéré sur airbus.com: https://www.airbus.com/newsroom/press-releases/en/2021/03/corsair-takes-delivery-of-its-first-a330neo.html

Cette introduction n'est donc qu'un échantillon historique parmi la multitude de crises auxquelles l'aviation commerciale a dû faire face au cours de ses années d'existence. On pourrait également mentionner les deux guerres du Golfe Persique en 1990 et 1991, l'épidémie de SRAS en 2003, la grippe A-H1N1 en 2009, etc. Tous ces évènements ont été les pivots des métamorphoses multiples de l'aviation civile, au cours de l'histoire contemporaine.

L'OACI appuie par mandat, les activités diplomatiques et la coopération dans le domaine du transport aérien de 193 États membres, en tant que signataire de la convention de Chicago 1944.[27]

Cette organisation a publié un graphique en courbe, qui représente l'évolution du PKP en milliard, depuis 1946, jusqu'en 2012. Une croissance générale constante, de l'ordre de 5%, annuel, est enregistrée, avec des interruptions de l'évolution moyenne, des stagnations et même des décroissances locales éphémères, au moment des grandes crises. Il est intéressant de noter, que plus on avance dans le temps, et plus l'impact d'une crise, sur l'aviation civile, est rude et long. Ce graphique démontre que l'aviation commerciale a mis quasiment quatre ans, après les attentats du 11 septembre 2001, pour retrouver son niveau de croissance moyenne.[28]

---

[27] OACI. (1944, Decembre 7). Convention on International Civil Aviation. Aéronautique, Chicago. Consulté le Janvier 14, 2021, sur ICAO: https://www.icao.int/publications/documents/7300_orig.pdf

[28] OACI. (s.d.). L'aviation mondiale et l'économie mondiale. Faits et chiffres , Montréal. Consulté le mai 6, 2021, sur https://www.icao.int/sustainability/Pages/FR/Facts-Figures_WorldEconomyData_FR.aspx

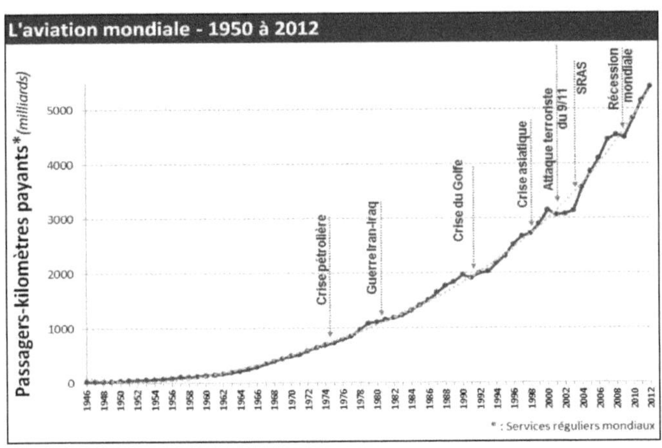

Force est de constater la résilience du secteur aéronautique et sa capacité à s'adapter aux situations les plus inhabituelles et les plus difficiles. Notons, que l'aviation civile est le plus souvent réactive plutôt que préventive, comme pourraient l'être d'autres industries, c'est-à-dire qu'elle évolue rétrospectivement grâce aux crises multidimensionnelles qu'elle traverse, aux incidents et aux accidents dont elle est victime, aux évènements majeurs qui affectent le monde, desquels sont tirées les leçons de sa mutation, souvent après des pertes humaines et matérielles très importantes.

Dans cette étude concise, nous présenterons, l'impact de la crise de la Covid-19 sur l'aviation civile. Nous nous intéresserons à la dimension grandement politique de cette crise sanitaire, et des décisions qui en émanent. Nous présenterons, dans la mesure du possible, les décisions prises par différents pays, notamment par la France, pour faire face aux conséquences de l'épidémie sur le secteur aérien. Nous verrons comment plusieurs compagnies aériennes en profitent pour licencier, réduire les salaires et piétiner les droits et les libertés de leurs employés, par des processus de chantages, là aussi des questions légitimes seront posées. Une réflexion de prospective nous permettra de proposer des hypothèses sérieuses et des scénarios plausibles, quant à la revivification de l'aviation commerciale durant la décennie 2020. Ce sera l'occasion de se pencher sur la dimension philosophique de la crise actuelle, d'aborder des questions d'éthique, de méditer sur le fondement du secret médical, toujours en relation avec le transport aérien, tout en survolant la culture du tourisme et du voyage, aujourd'hui mise à mal.

CHAPITRE 1

L'impact de la Covid-19 sur l'aviation civile

« Du jour au lendemain, les ventes ont cessé. À la mi-mars 2020, on se demandait comment nous allions survivre pendant deux semaines, sans que nos avions ne volent »

— Frédéric Revol[29]

La crise de la Covid-19 est sans nul doute l'évènement cataclysmique le plus sévère, qu'ait impacté le monde de l'aviation civile de toute son histoire. Jamais, auparavant, nous n'avions vu les avions des plus grandes compagnies aériennes du monde, garés et sécurisés, avec des caches de protections contre le froid et la poussière, sur les taxiways.[30]

---

[29] Propos recueillis lors d'une interview que nous a accordé Frédéric Revol, Directeur commercial de la Compagnie Boutique Airline. Interview with Frédéric Revol - The impact of Covid-19 on the aviation Industry (2021). [Film]. France. Consulté le mai 17, 2021, sur https://www.youtube.com/watch?v=wfYxBpifl5Q

[30] Voies de circulation des avions, autre que les pistes d'atterrissages, dans un aéroport,

Parfois, ces avions étaient même sur les pistes d'atterrissage, quand les infrastructures aéroportuaires le permettaient, et que les aéroports étaient dotés de plus d'une piste d'atterrissage, ou bien lorsque ces dernières étaient fermées à la circulation aérienne.[31]

À cet égard, Guillaume Faury, PDG d'Airbus, déclarait le 30 juin 2020, dans un communiqué de presse, « *Airbus est confronté à la crise la plus grave que ce secteur n'ait jamais connue* ».[32]

Le SARS-COV-2 a surpris le monde, non pas par son nombre de morts, ni par la sévérité de ses contaminations, mais bien par la violence des restrictions sanitaires totalement inédites et la couverture médiatique incessante, décidées au sommet des gouvernements et imposées à beaucoup de pays.

1. Une croissance annoncée

> « *Le présent est la conséquence de trois influences : l'héritage du passé, la conjoncture et les fondements sur lesquels repose le sujet en question* »
>
> — Michel Borel[33]

---

[31] Collin, J. (2020, Avril 13). Les images impressionnantes des Airbus A380 stationnés à l'aéroport de Châteauroux. Consulté le janvier 14, 2021, sur www.francebleu.fr : https://www.francebleu.fr/infos/transports/video-les-images-impressionnantes-des-airbus-a380-stationnes-a-l-aeroport-de-chateauroux-1586769266

[32] Airbus. (2020). Airbus prévoit de nouvelles mesures d'adaptation à la situation COVID-19. Communiqué de presse, Toulouse. Consulté le mai 15, 2021, sur https://www.airbus.com/content/dam/corporate-topics/publications/press-release/2020/06/FR-COVID-19-Adaptation-Plan.pdf

[33] Michel-Borel. (2013, Octobre 1). La prospective : une discipline de niveau stratégique au service du dialogue. Sécurité globale 2008/4 (N° 6). cairn-info.

Jusqu'à fin 2019, l'industrie aéronautique connaît une croissance sans précédent. Les PDG de constructeurs aéronautiques comme Airbus, Boeing, Gulf Stream, ainsi que les dirigeants de compagnies aériennes, d'aéroports, de sociétés de tourisme, d'investissements immobilières, et même de location automobile, sont aux anges. Ils voient vert partout et annoncent des résultats records pour les années à venir.

Le 18 septembre 2019, Airbus, par la voix de son directeur commercial, Christian Scherer,[34] annonce au Airbus Global Market Forecast « GMF », que les chiffres de 2018 sont tellement élevés, le volume de transport atteint un tel record historique, enregistrant plus de 7,4% de croissance, qu'il faudra doubler la flotte mondiale d'avions, passagers et cargo, passant de 23.000 appareils en 2019, à 48.000 appareils en 2038, pour être à la hauteur de l'accroissement annuel du trafic aérien prévisionnel annoncé de 4,3%.[35]

Le GMF est un organe de réflexion, connu sous l'appellation de Think-Tank, qui offre une vision prospective du secteur aéronautique, en s'appuyant sur des données factuelles telles que le prix du pétrole, la

---

Consulté le Janvier 2, 2021, sur https://www-cairn-info.ezscd.univ-lyon3.fr/revue-securite-globale-2008-4-page-83.htm

[34] Christian Scherer, PDG du programme ATR à partir du mois d'octobre 2016, succède à Éric Schulz au poste de Directeur Commercial d'Airbus, le 13 septembre 2018. airbus. (2018). Christian Scherer - Chief Commercial Officer and Head of Airbus International. Consulté le Janvier 14, 2021, sur Airbus.com: https://www.airbus.com/company/corporate-governance/christian-scherer.html

[35] GMF, A. (2019, Septembre 18). Airbus prévoit un besoin de plus de 39 000 appareils neufs au cours des 20 prochaines années. Consulté le Janvier 14, 2021, sur Airbus.com: https://www.airbus.com/newsroom/press-releases/fr/2019/09/airbus-forecasts-need-for-over-39000-new-aircraft-in-the-next-20-years.html

croissance démographique et économique, les tendances du tourisme et le développement de routes nouvelles et existantes.[36]

Cela ne va pas sans dire, qu'il est tout à fait normal que les prévisions annoncées soient très positives, car ceci est en faveur du géant de l'aéronautique européen, mais aussi de ses concurrents, qui doivent promouvoir et vendre leurs appareils. Le GMF prévoit également, de manière très optimiste, que la portée d'une telle croissance, créé, d'ores et déjà, un besoin de 55.000 nouveaux pilotes et 640.000 nouveaux techniciens.

Mais ce n'est pas tout, effectivement, les dirigeants d'Airbus pensent que d'ici 2038, 39.210 avions, soit près de 82% de la flotte mondiale actuelle, qui est composée de 47.680 aéronefs, seront neufs, contre seulement 8470 qui seront plus anciens.

Quelle incroyable aubaine pour les constructeurs d'avions, si les compagnies aériennes décidaient de moderniser près de 82% de leurs flottes, en moins de 20 ans.

En réalité, la durée de vie moyenne d'un avion de ligne moderne est estimée à 25 ans[37]; non pas que l'appareil ne puisse plus voler après, au contraire, mais les frais d'entretien et de maintenance s'élèvent, après un quart de siècle d'exploitation commerciale, à plusieurs millions d'euros par avion.

Il faut savoir qu'un avion de ligne suit un protocole d'entretien très strict, tout au long de sa vie. Les pilotes effectuent une visite de pré-vol,

---

[36] Airbus. (s.d.). Global Market Forecast. Récupéré sur Airbus.com: https://www.airbus.com/aircraft/market/global-market-forecast.html

[37] Tytelman, X. (2013, Décembre 14). Quelle est la durée de vie d'un avion ? Récupéré sur peuravion.fr: http://www.peuravion.fr/blog/2013/12/quelle-est-la-duree-de-vie-dun-avion/

qui est une inspection visuelle de différentes parties de l'appareil, pour vérifier que tout à l'air d'être en ordre. Les ingénieurs vérifient quotidiennement plusieurs systèmes et parties de l'avion. Selon l'exploitant, une visite hebdomadaire peut être planifiée. S'ajoute ensuite des visites réglementaires de types A – B – C – D, dont les conditions varient, respectivement de 500 heures de vol, à 5 ans d'exploitation, dans lesquelles sont changés les filtres d'huiles, pendant la plus petite visite A, jusqu'à désosser totalement l'aéronef, pour vérifier tous les systèmes, et la moindre anomalie dans sa structure, au cours de la visite D.

C'est d'ailleurs durant cette longue visite, qui peut durer plusieurs semaines, que les compagnies aériennes installent les nouvelles options, comme de plus grands écrans, des sièges plus confortables, des nouvelles générations de toilettes, etc. La visite est planifiée en fonction du nombre d'heures de vol ou du nombre de cycles, dont un cycle correspond à un décollage et un atterrissage.[38]

Un avion de type Airbus A320 par exemple, coûte approximativement cent millions d'euros à l'unité.[39]

Si une compagnie aérienne décidait d'entretenir cet avion de transport court et moyen-courrier, après sa durée de vie moyenne, les pièces détachées qu'il faudra acheter et remplacer, seraient de plus en plus nombreuses au fur et à mesure des années qui passent, et le temps de la maintenance deviendra plus long.

Selon Thierry Vigoureux, journaliste spécialisé en aéronautique et transport aérien, à « Le Point », pour un avion qui coûte 70 m€ neuf,

---

[38] Air-France. (S.d.). La maintenance d'Air France - Un protocole d'entretien pour chaque type d'avion. Récupéré sur airfrance.com : https://corporate.airfrance.com/fr/la-maintenance-dair-france

[39] Voir annexe 1 : Airbus – liste des prix des avions

c'est 350 m€ en consommables et en frais de maintenance qui seront dépensés durant toute sa carrière.[40]

Autant donc, remplacer cet appareil par cinq nouveaux avions neufs, que d'essayer de l'entretenir dans la durée.

Le formidable pari de l'investissement d'Airbus au Canada est une preuve concrète de cette croissance annoncée. Bombardier aéronautique, le très fameux fabricant canadien d'avions d'affaires de calibres Internationaux, est pressé par le poids de sa dette financière jusqu'en 2017, qui s'élevait à 9,3 M$, notamment à cause de son programme d'aviation commerciale CSeries, qui a dépassé toutes les estimations financières initiales.[41]

Ces modèles d'avions de plus de cent places, créés initialement pour élargir la gamme déjà existante des jets régionaux CRJ, et concurrencer les petits avions d'Airbus et Boeing, le A319 et B737-700, ont du mal à se faire une place sur ce marché. En 2015, le gouvernement canadien avait déjà volé au secours du constructeur en investissant près d'un milliard de dollars, de fonds publics, dans le programme CSeries, dans l'espoir que celui-ci décolle, en échange de l'acquisition de 49,5% de parts de marché.[42]

---

[40] Vigoureux, T. (2008, Mars 15). L'entretien des avions, véritable manne de Safran. Récupéré sur lefigaro.fr : https://www.lefigaro.fr/societes-francaises/2008/03/15/04010-20080315ARTFIG00580-l-entretien-des-avions-veritable-manne-de-safran-.php

[41] Bombardier. (S.d.). Les avions CSeries : un chapitre dont nous serons toujours fiers ! Récupéré sur bombardier.com : https://bombardier.com/fr/qui-nous-sommes/notre-histoire

[42] Gradt, J.-M. (2015, Octobre 29). Le gouvernement du Québec vole au secours de Bombardier. Récupéré sur lesechos.fr: https://www.lesechos.fr/2015/10/le-gouvernement-du-quebec-vole-au-secours-de-bombardier-279384

Néanmoins, cet investissement ne suffira pas, il s'ajoutera aux pertes de plus de 4,6 M$ déjà subies par le groupe.

Bombardier, avec l'accord du gouvernement du Québec, vend, en 2017, une participation de 50,01% de son programme d'aviation commerciale CSeries à Airbus. Le CS100 et CS300 changent d'identité, et même de noms en devenant Français, ce sont désormais respectivement le A220-100 et le A220-300.

Le constructeur européen a de grandes ambitions, pour le nouvel avion adopté, sur les marchés locaux, et ne compte pas en rester là. En effet, en février 2020, Airbus fait l'acquisition de la participation restante de 25% de Bombardier, et monte ainsi ses parts à 75% au total, en déboursant uniquement 591 m$.

C'est une chance pour l'avionneur français, qui rachète tout un programme au prix d'un Airbus A380 toutes options, ou de deux avions A350 seulement. Fort de sa conquête, Airbus prévoit également d'acquérir, dans la même transaction, par la voie de sa filiale Stelia Aerospace, les capacités de production de Bombardier à Saint-Laurent au Québec, utilisées pour l'A220, ainsi que pour la fabrication des pièces du Airbus A330.[43]

---

[43] Desjardins, F., & Sioui, M.-M. (2020, février 14). La fin d'une époque chez Bombardier, qui abandonne l'A220. Récupéré sur ledevoir.com: https://www.ledevoir.com/economie/572854/airbus-et-le-gouvernement-du-quebec-se-partagent-airbus-canada#:~:text=C'est%20la%20date%20de,aujourd'hui%20700%20M%24.

Avec la crise des longs et très longs courriers, c'est déjà plus de 630 commandes qui ont été enregistrées pour l'Airbus A220, et ces achats ne cessent de se multiplier.[44]

Il n'est pas faux d'affirmer, qu'en 2019, tout présageait des jours glorieux durant la décennie 2020-2030, et même pendant les décennies suivantes. Imaginez les opportunités financières, commerciales, technologiques et humaines, que cette croissance promet, c'est un bel avenir qui se profile à l'horizon pour l'aviation commerciale.

2. Économie et transport aérien

L'aviation commerciale et l'économie sont intrinsèquement liées, voire interdépendantes en plusieurs points, mais tout de même à des ratios différents. L'OACI soutient que depuis 1995, l'économie mondiale, exprimée en Produit Intérieur Brut mondial « PIB », a crû à un taux annuel de 2,8 % et que le trafic aérien mondial, en PKP, enregistre un taux annuel de croissance moyen de 5,0 %.[45]

L'IATA, dans une analyse de marché publiée en décembre 2018, confirme les chiffres précédents, et décrit un ratio moyen, entre la

---

[44] Julien-Arsenault. (2021, avril 8). Première commande ferme depuis plus d'un an pour l'A220 d'Airbus. Récupéré sur lapresse.ca: https://www.lapresse.ca/affaires/entreprises/2021-04-08/premiere-commande-ferme-depuis-plus-d-un-an-pour-l-a220-d-airbus.php#:~:text=Les%20derni%C3%A8res%20annonces%20de%20commandes,%C3%A9t%C3%A9%20annonc%C3%A9es%20l'ann%C3%A9e%20pr%C3%A9c%C3%A9dente.

[45] OACI. (s.d.). L'aviation mondiale et l'économie mondiale. Faits et chiffres, Montréal. Consulté le mai 6, 2021, sur https://www.icao.int/sustainability/Pages/FR/Facts-Figures_WorldEconomyData_FR.aspx

croissance économique mondiale, et le PKP entre 1991 et 2018, de l'ordre de 1 :2.[46]

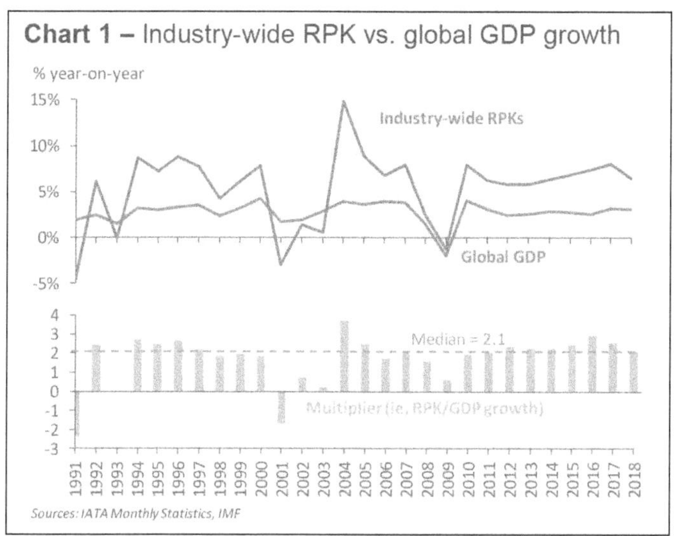

Le PIB d'un pays correspond à toutes les richesses créées par les hommes et les femmes dans ce pays, alors que le PIB mondial représente la somme de tous les PIB nationaux. Cela signifie que quand les richesses mondiales croissent, par exemple, de 3% par an, conséquemment le volume de transport augmente de 6% la même année.

Cette corrélation est tout à fait classique, compte tenu du fait que le développement d'espaces géographiques est lié à la présence d'êtres humains sur ces zones. De nouvelles opportunités naissent grâce à des individus, qui viennent parfois de très loin, par avion, et qui investissent de l'argent, du temps et du travail, dans ces villes.

---

[46] IATA. (2018). AIR PASSENGER MARKET ANALYSIS . Économie Aéronautique , Montréal. Consulté le mai 3, 2021, sur https://www.iata.org/contentassets/57a5379c75c34c2881ba91238f786138/passenger-analysis-dec-2018.pdf

En 2019, les compagnies aériennes emploient 10,2 millions de personnes à travers le monde, et créent, à elles seules, 704,4 M$ de richesses. Les compagnies sous-traitantes, qui gravitent dans le secteur de l'aérien, emploient 10,8 millions d'individus, et créent 637,8 M$ de bénéfice économique.[47]

Le groupe Air-France KLM Transavia, à titre d'exemple, emploie 83,000 personnes, il fait 27,2 M€ de chiffre d'affaires, et presque 1,2 M€ de résultats d'exploitation. Non seulement le secteur aérien fait partie intégrante de l'économie, mais il est, au regard de ces chiffres, indispensable.[48]

Depuis peu, l'aviation civile est même devenue un vecteur économique, pour certaines zones géographiques encore méconnues du grand public. Le secteur aérien crée des opportunités, auxquelles il n'est pas forcément associé, ce qui n'était pas le cas avec le modèle de l'économie classique, où l'aviation civile jouait simplement le rôle d'assistant des autres secteurs d'activité, dans la croissance. L'aviation est ainsi devenue un levier de création de richesses incontestable, qui pèse très lourd sur la balance financière mondiale.

Ce phénomène s'illustre parfaitement bien avec les compagnies aériennes low-cost, en Europe, qui ont permis la découverte sur le marché du tourisme, de petits villages, par exemple en Italie, en Roumanie ou en Hongrie, loin des hyper-métropoles, chères et bondées.

---

[47] ICAO. (2019). Aviation Benefits Report. Aéronautique, Montréal. Consulté le mai 4, 2021, sur https://www.icao.int/sustainability/Documents/AVIATION-BENEFITS-2019-web.pdf

[48] AirFranceKLM. (2019). Le groupe Air-France KLM chiffres clé. Aéronautique, Paris. Consulté le mai 4, 2021, sur https://www.airfranceklm.com/sites/default/files/af-klm_chiffrescles_2019_fr_20.05_mel_0.pdf

En échange d'avantages fiscaux intéressants et de taxes d'atterrissage réduites, offerts par des petites municipalités et leurs autorités aéroportuaires, des compagnies low-cost font de ces villes de nouvelles destinations, installent leurs bases, et amènent des touristes, des travailleurs et des résidents.

Wizzair et Ryanair, pour ne citer qu'eux, ont donné la possibilité à des milliers de personnes, de classes moyennes et modestes, qui ne pouvaient pas nécessairement acheter un appartement à Londres, à Paris ou à Berlin, en raison des prix, au mètre carré, exorbitants, de se diriger vers ces petites villes, loin des grandes capitales, et d'y investir. Le résultat est surprenant, car cette stratégie a sorti de terre des villes entières, qui sont devenues de véritables destinations de tendances.[49]

3. L'opportunité écologique

> *« Il n'y a pas de passagers sur le vaisseau Terre. Nous sommes tous des membres de l'équipage »*
>
> — Marshall McLuhan

Outre le fait de la maintenance coûteuse qui nécessite périodiquement la modernisation des flottes des compagnies aériennes, les défis environnementaux contemporains jalonnent une approche plus responsable de l'aviation civile à la question de l'écologie.

---

[49] Poirier, D. (2019, juillet 25). Transport aérien : comment le low cost a révolutionné le secteur. Récupéré sur laprovence.com: https://www.laprovence.com/article/hub-tourisme/5609737/transport-aerien-comment-le-low-cost-a-revolu tionne-le-secteur.html

En 2009 déjà, l'IATA, durant l'un de ses congrès, s'était engagée aux côtés d'acteurs étatiques et aéronautiques, pour atteindre, jusqu'en 2020, trois objectifs verts :[50]

- Réduire la consommation de carburant de 1.5% par an jusqu'en 2020 ;
- Atteindre une croissance neutre en émissions de dioxyde de carbone à partir de 2020 ;
- Obtenir 50% de réduction en émissions de CO_2 en 2050, par rapport à 2005.

Le monde de l'aviation en 2019, représentait plus de 87 millions d'emplois, 3,500 M$ de richesses créées, près de 4.1% du Produit Intérieur Brut « PIB » mondial, et 4.5 milliards de passagers transportés, soit un tiers du trafic marchand mondial.

Pourtant, toutes ces activités ne sont responsables que de 2% des émissions mondiales, de gaz à effet de serre, dans l'atmosphère, avec 915 millions de tonnes de CO_2 par an.

Malgré ce très faible taux de pollution, ce secteur économique est devenu le premier à se doter d'un mécanisme de maîtrise de ses émissions de carbone et s'est engagé à diviser par trois ses émissions en CO_2, alors même qu'il affiche une croissance nette, du trafic aérien, de 5% annuels.[51]

---

[50] IATA. (2009). Aviation & Climate Change. Aeronautique, Montréal. Consulté le 26 avril, 2021, sur https://www.iata.org/en/iata-repository/pressroom/fact-sheets/fact-sheet--climate-change/

[51] (2016). L'aviation, premier secteur à se doter d'un dispositif mondial de maitrise de ses émissions de CO_2. Montréal: OACI. Retrieved Avril 26, 2021, from https://www.ecologie.gouv.fr/sites/default/files/plaquette%20GMBMpap.pdf

Au cours de la 39ème assemblée de l'OACI en octobre 2016 à Montréal, 191 pays ont adopté une résolution pour la création, à partir de 2020, d'un mécanisme mondial de compensation des émissions du dioxyde de carbone, pour l'aviation internationale, baptisé « CORSIA » Carbon Offsetting and Reduction Scheme for International Aviation.[52]

Cette démarche se fonde sur quatre piliers principaux :

- La construction d'avions plus verts, en imposant aux constructeurs aéronautiques d'intégrer les technologies les plus avancées sur le plan environnemental ;
- L'optimisation de la navigation en octroyant aux avions plus de routes directes pour réduire la consommation de carburant et les émissions associées ;
- Le développement de biocarburants pour diminuer l'empreinte carbone ;
- La compensation des émissions de CO_2, qui dépassent le niveau atteint en 2020, par l'achat de crédit sur le marché du carbone.

Quand il s'agit des problématiques de la pollution et du réchauffement climatique, liés au monde de l'aviation, le Logos d'Aristote est souvent abandonné au profit du Pathos, dans le registre de la persuasion.[53]

L'opinion publique, très influencée par un discours de nature idéologique et parfois arbitraire, plutôt que scientifique et rationnel,

---

[52] Internationale, O. d. (2019). Doc 10140 - Résolutions de l'Assemblée en vigueur. Climatique Aéronautique, Montréal. Consulté le 26 avril 2021, sur https://www.icao.int/publications/Documents/10140_fr.pdf

[53] Aristote. (-329). Rhétorique. Athènes.

tend à développer une vision fantasmagorique du sujet, qui laisserait presque entendre que les avions pollueraient plus que tous les autres secteurs d'activité et seraient même la principale cause du réchauffement climatique.[54]

La réalité est diamétralement opposée à cette utopie. L'aviation, comme évoquée plus haut, ne représente que 2% des émissions des gaz à effet de serre dans l'atmosphère, 915 millions de tonnes de CO_2 par an, et n'est responsable que de 3,5% du réchauffement climatique.[55]

À titre comparatif, la Chine représente à elle seule, 28% des émissions de gaz à effet de serre dans le monde, en projetant dans l'atmosphère plus de 10 milliards de tonnes de CO_2 par an, notamment à cause de la combustion du charbon dans les centrales, qui permettent de produire une capacité électrique de plusieurs milliers de gigawatts.[56]

Le secteur aérien tout entier, n'a eu de cesse, ces dernières années, de faire des efforts dans le sens de l'environnement.

Les autorités imposent aux passagers de payer des taxes écologiques très élevées. Les aéroports adoptent des mesures plus vertes en reconstruisant leurs infrastructures selon de nouvelles normes. Ils réduisent

---

[54] Grangeon, L. (2017, Août 31). Le trafic aérien : principale cause du réchauffement climatique. Retrieved from economiematin.fr: http://www.economiematin.fr/news-le-trafic-aerien-principale-cause-du-rechauffement-climatique

[55] David, L. (2020). The contribution of global aviation to anthropogenic climate forcing for 2000 to 2018. Manchester: Faculty of Science and Engineering, Manchester Metropolitan University. https://doi.org/10.1016/j.atmosenv.2020.117834

[56] Marchand, L. (2019, Novembre 20). Sourde à l'urgence climatique, la Chine brûle toujours plus de charbon. Retrieved from lesechos.fr: https://www.lesechos.fr/industrie-services/energie-environnement/sourde-a-lurgence-climatique-la-chine-augmente-sa-production-de-charbon-1149385

leurs consommations, réutilisent leurs matériaux, recyclent leurs déchets, etc.[57]

Les constructeurs aéronautiques améliorent leurs matières premières pour s'adapter aux nouveaux standards, en utilisant, par exemple, des matériaux composites recyclés. Ils construisent des avions modernes plus verts, plus légers, plus économes, plus silencieux, moins polluants. Ils financent des recherches dans les nouvelles technologies vertes.[58]

Les avionneurs s'engagent à construire des avions à zéro émission de CO_2, propulsés à l'hydrogène, d'ici 2035.[59]

Dans ce sens, Airbus a déjà fait un grand pas en avant, en octobre 2020, en déposant un brevet pour protéger une invention de moteurs indépendants, alimentés par de l'hydrogène liquide.[60]

Les compagnies aériennes, quant à elles, ont développé de nouvelles stratégies, pour attirer les clients, sur la base de leurs engagements

---

[57] Chong, J. (2017, octobre 27). L'aéroport de Hong Kong promet d'être le plus vert. Retrieved from lesechos.fr: https://www.lesechos.fr/2017/10/laeroport-de-hong-kong-promet-detre-le-plus-vert-186151#:~:text=Aujourd'hui%2C%20l'Autorit%C3%A9,%2C%20d'ici%20%C3%A0%202021.

[58] Airbus. (n.d.). Zero emission. Retrieved from airbus.com: https://www.airbus.com/innovation/zero-emission.html#uam

[59] Airbus. (n.d.). ZEROe. Retrieved from airbus.com: https://www.airbus.com/innovation/zero-emission/hydrogen/zeroe.html#overview

[60] Toulouse. Airbus dépose un brevet pour l'avion hydrogène. (2021, janvier 12). Retrieved from ladepeche.fr: https://www.ladepeche.fr/2021/01/12/airbus-depose-un-brevet-pour-lavion-hydrogene-9306158.php

écologiques. Certaines de ces compagnies se présentent désormais, au monde, avec un nouveau visage « eco-friendly ».[61]

Ces opérateurs aériens participent à tous les sommets mondiaux sur l'environnement et signent tous les accords, même si ces derniers sont en leurs défaveurs.

À cet égard, les compagnies aériennes ont mis en place des mesures draconiennes et n'hésitent pas à payer plusieurs milliards d'euros pour moderniser leurs flottes ou équiper leurs avions de nouvelles technologies, qui limitent les émissions de gaz à effet de serre, et réduisent la consommation de carburant.[62]

Les procédures standards mises en œuvre par les pilotes, ont évolué pour s'adapter à l'écologie. Dorénavant, plus question d'emporter du kérosène supplémentaire, au-delà du minimum imposé par la réglementation pour le bon déroulement du vol, sans le justifier.[63]

Un relevé de consommation carburant est établi pour chaque commandant de bord, où est inscrit un commentaire sur la quantité de kérosène emportée, pour les vols que le capitaine a effectué, ainsi que des objectifs de réduction de consommation, à atteindre. Le commandant de bord est, par ce procédé, impliqué dans les opérations financières de

---

[61] Baker, A. A. (2017). Qatar Airways Group Environmental Policy. Écologique, Doha. Retrieved mai 01, 2021, from https://www.qatarairways.com/content/dam/documents/environmental/Environmental-policy-EN.pdf

[62] Trévidic, B. (2019, mars 13). Lufthansa modernise sa flotte et revend six A380… à Airbus ! Retrieved from lesechos.fr: https://www.lesechos.fr/industrie-services/tourisme-transport/lufthansa-modernise-sa-flotte-et-vend-six-airbus-a380-1000132

[63] Segond, A. (2019, octobre 23). Comment les compagnies aériennes réduisent leur consommation de kérosène et leurs émissions de CO_2. Retrieved from lefigaro.fr: https://www.lefigaro.fr/societes/comment-les-compagnies-aeriennes-reduisent-leur-consommation-de-kerosene-et-leurs-emissions-de-co2-20191023

la compagnie aérienne, en devenant un acteur économique et budgétaire de premier plan, et même un commercial, sans pour autant percevoir une commission sur ses économies.[64]

Transporter du carburant supplémentaire, qui ne servira pas durant le vol, a des conséquences aérodynamiques, financières et écologiques, qui sont loin d'être négligeables.

Effectivement, remplir les réservoirs, alors qu'il n'y en a pas besoin pour accomplir la mission, c'est tout d'abord alourdir l'avion, ce qui a pour conséquence directe d'augmenter la consommation en carburant liée notamment au poids de l'appareil, et donc d'accroître les émissions de CO_2 dans l'atmosphère. Un avion lourd vole plus bas, et plus lentement, et mettra en difficulté l'organisation du trafic aérien.

Augmenter la charge de carburant, c'est diminuer la charge utile payante, c'est-à-dire qu'au lieu de transporter de la marchandise payée au kilogramme par les clients, on emporte du kérosène inutile.

Du carburant en plus, c'est hausser le coût de revient du vol, par le coût exorbitant du kérosène ajouté. Bien que le système de gestion de vol « FMS » d'un avion moderne, permet l'optimisation de la consommation de carburant et de la vitesse de l'avion, par un outil appelé « Cost-Index », qui est le rapport entre le coût horaire d'exploitation et le coût unitaire du carburant, sur un trajet donné, les effets d'emport de grandes quantités de carburant inutiles, sont très mauvais.

Ce n'est évidemment pas la seule mesure que les compagnies aériennes ont mise en place. Les procédures d'exploitation des avions,

---

[64] Virgin-Atlantic. (2016). The effects of giving Captains feedback and targets on SOP fuel and carbon efficiency information. Aéronautique, Londres. Retrieved mai 1, 2021, from https://www.virginatlantic.com/content/dam/vaa/documents/footer/sustainability/VAA_Captains_Study_Summary_FINAL_170616.pdf

dans leurs manières d'être pilotés, ont été modifiées, afin de limiter la consommation en carburant.

Dans certaines compagnies, les pilotes doivent rouler au sol avec la moitié des réacteurs éteints, jusqu'à la piste, ensuite démarrer les moteurs et décoller. D'autres compagnies en revanche, privilégient la coupure d'un réacteur sur deux, une fois que la piste d'atterrissage est évacuée, après l'arrivée, permettant à l'avion de rouler ainsi en N-1 ou N-2 jusqu'au parking.[65]

Pourtant, ces procédures paraissent inadaptées à tous les types d'aéroports, bien que les recommandations écologiques doivent être appliquées partout et de la même manière. Les tarmacs et les taxiways des aéroports ne sont pas nécessairement plats, au contraire, il y a souvent des reliefs, qui associent des formes saillantes et des formes en creux. Le poids très lourd des avions, qui font un va-et-vient sur ces terrains à longueur de journée, crée des affaissements importants, notamment quand l'aéroport est construit sur un sol dont les caractéristiques ne sont pas bien accommodées, comme une île artificielle par exemple. Ces aéroports sont, en permanence, en travaux, pour tenter de redresser les parties affaissées.

Le souci est que les avions restent souvent bloqués dans ces creux et ne peuvent en sortir, ou n'en sortent qu'en augmentant considérablement la puissance d'un réacteur, à un niveau proche de la limite, pendant le roulage au sol. Sur un Airbus A330, cette limite est de 40% N1. Au-delà, la poussée engendrée par le réacteur peut mettre sévèrement

---

[65] N-1 correspond à un état de vol d'un avion biréacteur avec un réacteur non fonctionnel, et N-2 correspond à un état de vol d'un avion quadriréacteur comme le A340 ou le B747, avec deux réacteurs non fonctionnels.

en danger les autres avions qui roulent, les équipements aéroportuaires et surtout les êtres humains.

Quel est donc l'intérêt de couper un réacteur pour économiser du carburant et moins polluer, quand on pousse l'autre réacteur à sa limite de puissance pour pouvoir avancer ?

D'ailleurs, augmenter la puissance d'un réacteur, c'est l'abîmer plus significativement, ainsi être dans l'obligation de le changer plus rapidement que prévu, et donc débourser des sommes colossales dans la maintenance, et aussi la gestion, car l'appareil en question sera à l'arrêt pendant plusieurs jours.

Quel est l'intérêt des opérateurs aériens de prendre de tels engagements écologiques, qui permettent de faire des économies de miettes d'un côté, et de payer des factures astronomiques de l'autre ?

Difficile de trouver des réponses cohérentes, si ce n'est l'application de procédures par idéologie, plutôt que par des démonstrations mathématiques claires.

4. Un village monde

Grâce aux moyens de communication modernes qui permettent l'interaction entre les individus de manière instantanée, le monde est devenu un village planétaire, comme l'a qualifié le théoricien de la communication Herbert Marshall McLuhan.[66]

La technologie contemporaine, de grande qualité, a permis l'effacement des frontières matérielles, politiques, civilisationnelles et culturelles. Avec les nouvelles applications de traductions orales,

---

[66] McLuhan, M. (1967). The Medium is the Message. Londres: Poche. Consulté le mai 3, 2021

téléchargeables gratuitement sur les téléphones multifonctions, les barrières linguistiques, qui récemment encore, étaient, les derniers freins et remparts, à la cohabitation et à la citoyenneté mondiale, ont désormais disparu.

Un Bédouin d'Arabie par exemple, qui ne parle que la langue arabe, peut tout à fait interagir, en direct, avec des citoyens Aléoutes, sur une question de transition écologique, qui concerne l'Asie du Sud-Est, pendant un sommet mondial qui se tient en Amérique du Sud.[67]

Un jeune homme, sourd et muet, qui vit à Los-Angeles aux États-Unis, peut, grâce à des applications spécialisées, disponibles pour tous en ligne, échanger des informations très précises, avec son amie, à Riga, qui comprendra parfaitement son discours, alors qu'elle ne parle pas l'anglais, et ne comprend pas non plus le langage des signes.

Les êtres humains vivent désormais tous, sous un même toit. Quand tout va bien, les conditions sont idéales, en revanche, s'il y a, ne serait-ce qu'une seule complication, quelque part, les conséquences sont globales. Toutes les crises, qu'elles soient politiques, économiques et financières, militaires, sociales, cybernétiques ou naturelles, affectent dorénavant l'humanité dans son ensemble.

Plus on avance dans le temps, et plus les conséquences d'une crise sur l'aviation sont dramatiques, et s'inscrivent sur des périodes de plus en plus longues, justement à cause de la globalisation du monde et de l'hyperconnectivité des individus sur terre.

---

[67] Les Aléoutes sont des Inuits qui vivent notamment sur les îles Aléoutiennes et à l'ouest de l'Alaska.

CHAPITRE 2

2020 : Une crise inattendue

« Ce qu'on nomme la crise n'est que la longue et difficile réécriture qui sépare deux formes provisoires du monde »

— Jacques Attali[68]

5. Panique à bord

Au premier trimestre 2020, ce sont des images dignes de films d'horreur qui parviennent au monde, en provenance de Wuhan, cette petite province de 9 millions d'habitants, du centre de la Chine.

Des activistes chinois, encore méconnus jusqu'à là, comme le nouveau très célèbre lanceur d'alertes Fang-bin, filment à l'aide leurs téléphones portables, des scènes de chaos sanitaire, dans toute la ville. On peut y voir des hommes et des femmes, de plus en plus nombreux, qui tombent brusquement à terre, raides morts, en plein jour, sur les trottoirs.

---

[68] Attali, J. (1981). Les Trois Mondes - pour une théorie de l'après-crise. Paris: Fayard. Consulté le mai 3, 2021, sur Les Trois Mondes - pour une théorie de l'après-crise

Le journaliste citoyen, diffuse des images très inquiétantes, filmées en caméra cachée dans les hôpitaux, le personnel soignant y est vêtu de combinaisons de protections, comme celles utilisées dans les laboratoires de sécurité maximale où des micro-organismes très pathogènes sont manipulés, et des patients souffrants qui convulsent et meurent l'un après l'autre sans explication.

Fang-bin filme également des cadavres, dans les sacs mortuaires, entassés les uns sur les autres, dans les ambulances, et même les chambres d'hôpital. Plus tard, on apprendra, que cet activiste, et d'autres, ont disparu depuis que ces vidéos sont sur Internet.[69]

Les conséquences directes de la diffusion de ces vidéos n'ont pas tardé à se voir, avec les fermetures de frontières immédiates, de beaucoup de pays. Les vols pour la Chine, et en provenance de Chine sont, un à un, annulés. L'Union européenne « UE » implose, avec ses membres qui s'enferment chacun, tour à tour, sans aucune coordination, tous terrifiés les uns des autres.[70]

Face à la menace grandissante, l'heure est à l'isolement individuel, à la priorité nationale, mais certainement pas aux politiques communes et aux slogans idéologiques.

L'empire du milieu est très vite isolé, mais ceci ne suffira pas à arrêter la vague déferlante de peur. La pandémie prend une ampleur mondiale

---

[69] Fang-bin (Réalisateur). (2020). À Wuhan, ces lanceurs d'alerte chinois qui filment la réalité de l'épidémie de coronavirus Covid-19 [Film]. France24. Consulté le mai 3, 2021, sur https://www.youtube.com/watch?v=jcR_d6Tg5E4

[70] Monde, L. (2020 , mars 17). Le monde face au coronavirus : l'UE ferme ses frontières extérieures, confinement et restrictions sur les cinq continents. Récupéré sur lemonde.fr: https://www.lemonde.fr/planete/article/2020/03/17/l-europe-ferme-ses-frontieres-les-etats-unis-commencent-a-se-confiner_6033336_3244.html

considérable, tous les voyants sont au rouge, les sirènes d'alarme sont sonnées. Les services de soins des hôpitaux sont très vite saturés partout, ou presque.

Quand il faut trouver des solutions rapidement, Pékin est efficace, sans s'embêter avec une administration pénible et des autorisations nombreuses. Il manquait des places d'hôpitaux dans la ville de Wuhan, l'épicentre de la Covid-19, les autorités chinoises décident la construction immédiate de deux hôpitaux, en moins de deux semaines, de respectivement 1000 et 1300 lits.[71]

La France enregistre son premier décès, pour cause de SARS-COV2, le 14 février 2020. C'était un touriste chinois de 80 ans, admis en réanimation à l'hôpital Bichat, pour une grave infection pulmonaire, depuis son arrivée en France, le 23 janvier 2020. Sa fille de 50 ans est également infectée et hospitalisée, mais les médecins ne s'inquiètent pas pour son état de santé.[72]

La nouvelle du décès est annoncée par la ministre des Solidarités et de la Santé, en exercice à cette époque, Agnès Buzyn, qui essuiera

[71] Coronavirus : dix photos de l'incroyable construction express du nouvel hôpital de Wuhan. (2020, février 2). Récupéré sur franceinter.fr: https://www.franceinter.fr/monde/coronavirus-dix-photos-de-l-incroyable-construction-express-du-nouvel-hopital-de-wuhan

[72] LeMonde. (2020, février 15). Un touriste chinois de 80 ans, infecté par le coronavirus et hospitalisé en France, est mort. Récupéré sur lemonde.fr: https://www.lemonde.fr/planete/article/2020/02/15/un-touriste-chinois-de-80-ans-infecte-par-le-coronavirus-et-hospitalise-en-france-est-mort_6029696_3244.html#:~:text=Il%20s'agit%20du%20premier,de%20la%20sant%C3%A9%2C%20Agn%C3%A8s%20Buzyn.&text=Hospitalis

beaucoup de critiques car elle est accusée de négligence par les partis d'opposition.[73]

Au pic de l'épidémie, au début du mois d'avril 2020, Jérôme Salomon, directeur général de la santé, annonce que 30.375 personnes sont hospitalisées pour infection à Covid-19, et que depuis le 1er mars, ce sont 10.869 décès qui sont enregistrés, avec un excès de mortalité de près de +31% sur la semaine 13 et de +27% sur la semaine 14, de l'année 2020.[74]

Les chiffres de Santé publique France, qui regroupent les résultats de plusieurs instituts de santé, comme le réseau Sentinelle, l'Institut Pasteur, l'Inserm, etc. qui sont, en principe, utilisés pour déterminer si le seuil d'une épidémie est franchi en France, sont tout aussi alarmants pour cette période.[75]

L'Armée de l'air française mettra, le 18 mars 2020, son nouvel appareil, de type Airbus A330 Phénix « MRTT » - Multi Role Transport Tanker, dans sa nouvelle version dite « MORPHÉE » - Module de Réanimation pour Patient à Haute Élongation d'Évacuation, à disposition des autorités sanitaires, en partenariat avec le Service de santé

---

[73] Point, L. (2020, février 15). Coronavirus : un premier décès en France, annonce Agnès Buzyn. Récupéré sur lepoint.fr: https://www.lepoint.fr/sante/coronavirus-un-premier-deces-en-france-annonce-agnes-buzyn-15-02-2020-2362826_40.php

[74] Salomon, j. (2020). Point de situation DGS - 8 avril 2020. Paris: Ministère de la santé. Consulté le mai 3, 2021, sur https://solidarites-sante.gouv.fr/IMG/pdf/synthese_ppresse_js-_8_avril_20.pdf

[75] France, S. p. (2020). Point épidémiologique hebdomadaire du 16 avril 2020. Santé, Ministère de la santé, Paris. Consulté le mai 3, 2021, sur https://www.santepubliquefrance.fr/maladies-et-traumatismes/maladies-et-infections-respiratoires/infection-a-coronavirus/documents/bulletin-national/covid-19-point-epidemiologique-du-16-avril-2020

des armées « SSA ». C'est l'escadron de ravitaillement et de transport stratégique, « Bretagne », de la base aérienne 125 d'Istres, des Forces aériennes stratégiques « FAS », qui accomplira la mission de transport des malades, depuis l'aéroport de Bâle-Mulhouse, vers Istres, d'où ont été transférés les patients, vers les hôpitaux d'instruction des armées Laveran à Marseille, et Sainte-Anne à Toulon.[76]

Il réside néanmoins un espoir dans toute cette tragédie, du fait de l'âge médian des décès, lié à ce coronavirus, qui est déjà établi dès le début de la pandémie, aux alentours de 85 ans, avec un profil de patients atteints de plusieurs comorbidités sévères.

Ces statistiques ne varieront que très peu durant toute l'histoire de ce virus, même avec l'émergence de variants, l'apparition de nouveaux foyers de contaminations qui ont créé des épidémies distinctes, et la baisse de l'âge moyen des victimes de la Covid-19 de deux années seulement, à une certaine période.

Un nombre infiniment petit de décès lié au coronavirus a été enregistré en dessous de cet âge médian. Bien que très triste, ce nombre reste très négligeable par rapport au nombre de morts total, causé par d'autres maladies, tous les ans.

Si, fort heureusement, la Covid-19 ne fait pas autant de morts que les cardiopathies ischémiques, les accidents vasculaires cérébraux ou les cancers, chaque année dans le monde, les conséquences des décisions politiques, et des restrictions sanitaires, liées au Covid-19 sont désastreuses pour l'aviation commerciale, et l'économie mondiale.

---

[76] Armée-de-l'air-et-de-l'espace. (2020, avril 9). L'A330 Phénix, en version Morphée, vole au secours de la population. Récupéré sur defense.gouv.fr: https://www.defense.gouv.fr/air/actus-air/l-a330-phenix-en-version-morphee-vole-au-secours-de-la-population

6. Gestion de crise aéronautique, entre théorie et pratique

La crise de la Covid-19 n'a pas épargné beaucoup de secteurs d'activité. Tous, ou presque, ont subi des pertes qui se comptent par centaines de milliards d'euros. Quelques multinationales seulement ont su profiter de l'occasion de la pandémie pour s'enrichir.[77]

L'aviation civile, quant à elle, fait partie des grands perdants de cet épisode tragique. Elle est touchée en plein cœur, et à chaque fois qu'elle a essayé de se relever, depuis la première pandémie en mars-avril 2020, jusqu'à nos jours, une nouvelle blessure lui a été affligée.

Avant de se plonger dans la description détaillée des conséquences de la crise du SARS-COV-2 sur le secteur aérien, il convient de faire un exposé condensé sur la théorie de la gestion de crise, qui s'applique de façon concrète à l'aviation civile, et qui par analogie, peut être appliqué à un État ou à une entreprise.

En politique de gestion de crises, il existe trois catégories distinctes, qui ont toutes des niveaux et des approches différentes :

- Une crise interne manifeste éphémèrement une rupture de la normalité, comme des grèves d'employés ou des manifestations d'individus mécontents. Ses conséquences intérieures sont corrigées par la mise en œuvre de mesures simples.
- Une crise majeure est par définition plus importante que la crise interne, mais son impact reste limité dans l'espace. Un

[77] Goetz, É. (2020, août 30). Le coronavirus a fait bondir la fortune des leaders de la tech. Récupéré sur lesechos.fr: https://www.lesechos.fr/finance-marches/marches-financiers/le-coronavirus-a-fait-bondir-la-fortune-des-leaders-de-la-tech-1237724

tremblement de terre par exemple, qui a lieu, dont l'épicentre est sous une ville, aura une incidence directe locale plus importante qu'ailleurs. Ses conséquences peuvent s'inscrire dans la durée et doivent être rectifiées par la création d'un plan de gestion et de sortie de crise.

- L'hypercrise, quant à elle, est beaucoup plus rare, mais elle se caractérise par sa dimension spatiale globale et la pérennité de ses effets. C'est le cas par exemple de la crise du coronavirus actuelle, dont les conséquences mondiales sont néfastes pour une majorité d'êtres humains, et beaucoup de secteurs d'activité économiques.

L'aviation civile a de particulier, par rapport à d'autres secteurs d'activité, qu'elle est impactée, à chaque fois, par la portée de chacune de ces crises multidimensionnelles, prises séparément, et subit les conséquences de toutes ces dernières entièrement. En revanche, en période de prospérité, le secteur aérien, ne profite qu'à moitié de la croissance globale comme énoncé plus haut.

Toutes les grandes entreprises multinationales au monde, ont, dans leurs organisations structurelles, un ou plusieurs départements et services, de gestion de crises. Ces cellules de crise sont particulièrement développées dans tout le secteur aérien, notamment au sein des constructeurs aéronautiques, des compagnies aériennes, et des aéroports, qui doivent faire face quotidiennement à des évènements imprévus de différents ordres.

Un simple retard de départ ou d'arrivée d'un avion, d'une compagnie aérienne, peut perturber toutes les opérations, sur plusieurs heures.

Le temps de rotation du vol, est la durée passée par un avion au sol. Cette durée varie en fonction de la catégorie de l'aéronef. Un avion de type court-courrier, dans une compagnie nationale, passe environ seulement une heure au sol, contre moins de 30 minutes pour un low-cost. Ryanair, la plus grande des compagnies aériennes à bas prix, se vante de pouvoir avoir des appareils totalement prêts en 20 à 25 minutes seulement, entre deux vols. Un appareil long-courrier, mettra entre 1h30 et 2h30 pour être opérationnel pour son prochain vol. La variation de cette période se fait en fonction du type d'avion. Un Airbus A330, transportant 300 passagers, sera en principe prêt au départ, bien plus rapidement qu'un Airbus A380, avec 550 passagers à bord.

Un vol commence à la seconde où les pilotes desserrent le frein de stationnement, et se termine la seconde où les pilotes le resserrent.[78]

Entre les deux, il s'agit du temps de rotation, durant lequel seront accomplis plusieurs tâches essentielles au bon déroulement du vol :

- Débarquement des passagers
- Nettoyage de la cabine
- Finalisation des opérations standard liées aux pilotages
- Complétion des documents de vol (cockpit et cabine)
- Passation de l'autorité dans l'avion à l'ingénieur en charge
- Vérification des systèmes du cockpit et de la cabine
- Prise en charge du nouvel équipage
- Contrôle de sûreté dans tout l'avion
- Préparation de la cabine
- Mise en œuvre des opérations standard liées aux pilotages
- Ravitaillement en carburant

---

[78] Le frein de stationnement dit frein de parking ou « Park Break » dans le jargon aéronautique, est l'équivalent du frein à main sur une voiture. En desserrant ce frein, le chronomètre du temps de vol se met en route et en le resserrant, il s'arrête. Le minuteur est également parfois lié à la coupure des moteurs.

- Inspection extérieure de l'appareil
- Chargement des bagages
- Embarquement des passagers
- Autorisation du vol

Concrètement, si un retard, ne serait-ce que d'une heure, avait lieu pendant la durée prévue au sol pour un Boeing 777 par exemple, l'organisation pluridimensionnelle, liée à son prochain vol, est à tout point de vue, pénalisée.

La perturbation de la gestion des créneaux de décollage dit Calculated Take-Off Time « CTOT », qui engage l'avion dans un processus temporel bien accordé afin qu'il décolle au minium à -5 minutes avant le temps prévu à cet effet, et au maximum à +10 minutes après, dérègle ainsi toute la gestion de flux et des capacités du trafic aérien dit Air Traffic Flow and Capacity Management « ATFCM ».[79]

Le créneau fourni par les autorités aériennes, est initialement perdu, et ce n'est évidemment pas sans conséquence. L'opérateur aérien de ce B777 en retard, doit rééditer le plan de vol et le soumettre aux autorités aériennes. S'il est accepté, l'équipage obtiendra de nouveaux détails de vol, bien précis, qu'il convient de respecter, avec de nouveaux créneaux horaires, et peut-être même de nouvelles routes. Au niveau local, les autorités aéroportuaires, en charge de l'avion en retard, accordent ainsi un nouvel intervalle de départ.

Cette planification, temporelle et spatiale, prend en compte plusieurs paramètres :

---

[79] Air traffic flow management. (2018, juillet 12). Récupéré sur ecologie.gouv.fr: https://www.ecologie.gouv.fr/en/air-traffic-flow-management-0#:~:text=Air%20traffic%20flow%20management%20(usually,available%20capacity%20is%20used%20efficiently.

- L'aéroport de départ
- L'heure de départ du parking - Off-Block Time « OBT »[80]
- L'heure de décollage - Take-Off Time « TOT »
- La vitesse de l'avion durant toutes les phases de vol ;
- La trajectoire de l'appareil sur l'itinéraire normalisé de départ, dit Standard-Instrument-Departure « SID »[81]
- Les différentes voies aériennes « Airways » utilisées par l'aéronef jusqu'à sa destination ;
- Le positionnement de l'avion sur ces autoroutes de l'air, géré par l'outil Flight Management Position « FMP », qui est bien défini dans la réglementation, selon la catégorie de l'avion, au vu de la séparation horizontale et verticale, en distance et en temps, par rapport aux autres appareils en vol ;
- La trajectoire de l'avion sur l'itinéraire normalisé d'arrivée, dit Standard Terminal Arrival Route « STAR »[82]
- L'heure d'atterrissage - Landing Time « LDT »
- L'heure d'arrivée au parking - In-Block Time « IBT »[83]

---

[80] DGAC. (2016). Gestion locale des départs . Aéronautique, Lyon. Consulté le mai 5, 2021, sur https://www.sia.aviation-civile.gouv.fr/pub/media/store/documents/file/l/f/lf_circ_2016_a_016_fr.pdf#:~:text=La%20TOBT%20(Target%20Off%20Block,vers%20le%20syst%C3%A8me%20A%2DCDM.&text=L'EOBT%20(Estimated%20Off%2D,d%C3%A9part%20bloc%20plan%20de%20vol.

[81] La SID en aéronautique est une procédure de trajectoire en distance et en altitude, d'un avion, en régime de vol IFR, par rapport à l'aéroport de départ.

[82] La STAR en aéronautique est une procédure de trajectoire en distance et en altitude, d'un avion, en régime de vol IFR, en approche vers l'aéroport d'arrivée.

[83] ICAO. (2014). Development of Regional ATFM Framework. Aéronautique, Bangkok. Consulté le mai 5, 2021, sur https://www.icao.int/APAC/Meetings/2014%20ATFMSG4/WP06%20ATFM%20Terminology.pdf

- L'aéroport de destination, ainsi que ceux déroutements éventuels en route, et à l'arrivée.

Quand l'avion décolle enfin et arrive à destination, avec une heure de retard seulement, c'est la coordination de l'aéroport de destination tout entière qui vient d'être déstabilisée comme tout était organisé par séquences bien définies. Il faut maintenant trouver une place de parking adaptée à ce retardataire, pour débarquer les passagers. Dans le terminal, il faut passer une annonce pour changer la porte d'embarquement, certains passagers sont peut-être déjà à la mauvaise porte, il faudra s'attendre à un grand mouvement de foule, d'un côté à l'autre du terminal, qui nécessite parfois un moyen de transport, comme un bus ou un tramway quand l'aéroport est équipé. S'il y a des opérations de sécurité particulières à mener avant l'embarquement, c'est tout le personnel et le matériel qui sont transportés.

En bref, ce qui semble être ennuyant pour un passager qui a une connexion à prendre, ou un rendez-vous de travail à ne pas rater, est en réalité une montagne de travail qui s'accumule pour l'opérateur aérien. En plus de payer des frais de retard colossaux aux autorités aéroportuaires, la compagnie aérienne devra gérer les problèmes de plusieurs centaines de passagers, au cas par cas, afin de satisfaire son engagement envers ses clients.

Il est très difficile de surmonter un retard pour reprendre le cours normal des opérations, il faut parfois plusieurs jours et semaines pour y arriver. Mais alors multiplier les retards, et y ajouter des annulations de vol, pour une compagnie aérienne, c'est une catastrophe. En voici un exemple probant. Certaines données ont été modifiées pour préserver l'anonymat de la compagnie aérienne en question.

Un Airbus A380 opère un vol entre Melbourne en Australie et Mascate, la capitale d'Oman. Le départ est prévu à 20h50, heure locale de l'État de Victoria, avec 525 passagers prévus à bord. Les PNT, composé d'un CDB et deux OPL, ainsi que le personnel navigant commercial « PNC » composé de deux chefs de cabine seniors et 26 hôtesses et stewards, sont en route vers l'aéroport, quand le CDB commence à se plaindre de douleurs abdominales.

Quelques minutes plus tard, voyant que l'homme souffrait beaucoup trop, l'équipage décide d'appeler les secours. Une ambulance attendait le capitaine de l'avion au terminal. Il a été emmené, en urgence, vers un hôpital de la ville, où il sera, plus tard, opéré et hospitalisé pendant plusieurs jours.

Incontestablement, le A380 ne peut pas décoller, parce que deux copilotes, n'ont pas le droit de piloter seuls, un avion encore au sol. Supposé qu'un OPL eut été transféré à l'hôpital à la place du CDB, ce vol n'aurait peut-être pas pu avoir lieu, à cause du temps de service limité. La réglementation définit cette période, comme étant l'heure à laquelle le pilote se présente pour le service. En escale, c'est 1h10 (ou 1h selon la compagnie et le type d'avion) avant le départ prévu du vol, et cette période se termine quand le pilote est libre de tout service, à la fin du dernier vol, que l'avion est immobilisé et que les moteurs sont coupés.[84]

La limite de la période de service est de 13h, plus une heure quand certaines conditions sont réunies. Un premier pilote supplémentaire donne le droit d'augmenter le temps de service de 4h, tant qu'une

[84] OACI. (2010). Règles normatives pour la gestion de la fatigue . Droit Aérien, Montréal. Consulté le mai 5, 2021, sur https://www.icao.int/safety/fatiguemanagement/FRMS%20Tools/Amendment%2037%20for%20FRMS%20SARPS%20-AttA%20(fr).pdf#search=Exploitation%20technique%20des%20a%C3%A9ronefs

période de repos est octroyée aux pilotes pendant le vol. L'Airbus A380 est d'ailleurs prévu à cet effet, car il a deux chambres séparées pour les pilotes. Cependant, cette hypothèse ne tient pas, car dans la configuration de vol classique avec un CDB et un OPL, l'avion aurait pu atteindre Singapour, peut-être Hongkong, mais impossible d'arriver à Oman, la distance est beaucoup trop grande.[85]

Ce vol fut donc annulé. Très peu de passagers ont pu être envoyés à Oman avec d'autres compagnies aériennes, car leurs avions étaient tout aussi pleins. À ce moment, les tensions entre les pays du Golfe Persique sont à leur paroxysme, les compagnies aériennes nationales de l'un, ne rendront pas service aux compagnies des autres ; les prix des quelques billets d'avion restants ont été multipliés afin d'ennuyer au maximum l'ancien ami, devenu ennemi juré. La majorité des voyageurs a été transférée vers des hôtels de l'aéroport et les équipages sont rentrés à leur hôtel.

Un CDB a été envoyé sur place, il est arrivé le lendemain soir. Un temps de repos minimal « Minimum Rest », prévu par le règlement aéronautique, lui a été accordé sur place.

Les passagers ont été amenés à leur destination grâce à deux avions que la compagnie a envoyé le lendemain, et le surlendemain et le A380 a pu rentrer sur sa base trois jours plus tard.

Il a fallu près de quatre jours d'opérations pour régler ce problème. L'opérateur aérien a dû débourser plusieurs millions de dollars afin de remédier à ce retard, entre hôtels, transports, nourriture et

---

[85] (2014). EASA FTL Regulations Combined Document. Bruxelles. Consulté le mai 21, 2021, sur https://www.eurocockpit.be/sites/default/files/combined_easa_ftl_regulations_ukcaa_2014_0218.pdf

compensation pour les passagers, ainsi que des pénalités de retards, taxes de parking supplémentaire pour l'avion très encombrant, perte des créneaux horaires, non-respect des couvre-feux de l'aéroport, le prix des opérations des deux avions, et la liste est encore longue.

Pourtant, ce vol est normalement opéré par un équipage composé de quatre pilotes : deux CDB et deux OPL. Dans cette configuration, si l'un des commandants tombe malade sur le secteur de retour, le vol aurait légalement pu être maintenu. La compagnie aérienne, soucieuse de faire des économies, a choisi d'exploiter cet appareil à la limite du nombre autorisé de pilotes. Pari perdu, il aurait certainement mieux fallu recruter, former et payer un CDB supplémentaire, plutôt que de débourser une somme faramineuse, et de risquer de perdre sa réputation de compagnie aérienne de luxe.

Cet exemple de crise locale, tout à fait banal, dont l'occurrence est journalière au sein des compagnies aériennes à travers le monde, ne représente qu'un infime pourcentage de ce que les cellules de crise des opérateurs subissent depuis le début de la crise du coronavirus.

La quantité de travail requise, pour remédier aux perturbations, qui n'ont de cesse de se produire, est démesurée. Chaque délai supplémentaire, annulation de vol, mise en quarantaine des équipages, fermeture des frontières soudaine, nouvelle réglementation liée au virus, demande une mise en œuvre de gestion de crise exceptionnelle.

7. Peur du voyage

Quand une crise, comme une pandémie virale mondiale survient, le secteur aérien est touché de plein fouet, par trois niveaux de répercussions, qui ont tous des conséquences dramatiques sur la prospérité du secteur aérien, et dont les ondes de choc bouleversantes, sont les précurseurs de sa réforme radicale. Nous les avons classés comme ceci :

- Aérodromphobie
- Incertitudes économiques
- Mesures réactives

La conséquence directe d'une crise qui touche l'aviation, est d'abord et avant tout un changement de comportement des passagers, qui développent une aérodromphobie soudaine. La peur de l'avion existe déjà, elle est notamment liée à la surmédiatisation des accidents aériens, diffusés en boucle sur toutes les chaînes d'information, quand ils se produisent. Ces évènements se comptent en réalité sur les doigts de la main, par rapport au nombre total de vols annuels, qui dépassent de loin les 30 millions de décollages et atterrissages. Les victimes mortelles dans les catastrophes aériennes, bien qu'une vie soit irremplaçable, sont une infime minorité par rapport aux décès totaux liés aux accidents de la route, et aux accidents de la vie quotidienne. Un accident se produit tous les 3,7 millions de vols, c'est donc bien le côté hollywoodien impressionnant, qui effraie, plutôt que le risque réel, qui lui est très proche du zéro.[86]

---

[86] Malgré un trafic réduit lié au Covid-19, le nombre de morts dans des accidents d'avion a augmenté en 2020. (2021, janvier 2). Récupéré sur ladepeche.fr: https://www.ladepeche.fr/2021/01/02/malgre-un-trafic-reduit-lie-au-covid-19-le-nombre-de-morts-dans-des-accidents-davion-a-augmente-en-2020-9289232.php#:~:text=Un%20accident%20mortel%20tous%20les%203.7%20millions%20de%20vols&text=Selon%20les%20donn%C3%A9e

La fatigue et le stress qui proviennent du passage par le terminal aéroportuaire, à cause des phases de l'enregistrement des passagers, du dépôt de bagages, du contrôle de passeport, de la longue marche jusqu'à la porte d'embarquement, de l'installation dans l'avion, ajoutent de l'anxiété. Il ne faudrait pas omettre de mentionner que l'incapacité des passagers d'avoir un quelconque contrôle sur les évènements qui se déroulent, en plus d'être encloisonnés dans une cabine d'avion qui empêche la vue de l'avant, essentiel à l'équilibre développé sur terre, tout ça suspendu à plus d'une dizaine de kilomètres d'altitude, accentue l'angoisse générée par le vol.[87]

En début de crise, c'est d'abord la peur de l'avion qui influe négativement sur toute l'aviation civile, à court terme. L'impact direct sur la psychologie des passagers, d'un accident aérien, est le parfait exemple, car son incidence s'observe sur quelques mois uniquement.

Quand la crise est bien fixée, naissent alors des inquiétudes et des risques, avérés ou non, qui engendrent une décroissance économique, et perturbent les marchés financiers sur quelques années. Il s'agit là d'une portée à court terme. Le krach boursier de 2008, évoqué en introduction, illustre bien cette seconde catégorie, puisque ses conséquences ont été d'une telle ampleur sur le secteur aérien, que le niveau de croissance de l'avant crise, n'a été atteint qu'en 2014.

Finalement, ce sont les mesures prises par les autorités aériennes, par exemple pour qu'une attaque terroriste ne se reproduise plus, qui

---

[87] Tytelman, X. (s.d.). Comprendre sa peur de l'avion. Récupéré sur peuravion.fr: http://www.peuravion.fr/comprendre-et-surmonter-sa-peur-de-lavion/#:~:text=La%20peur%20de%20l'avion,progressivement%20et%20sans%20raison%20apparente.&text=Plusieurs%20%C3%A9l%C3%A9ments%20appel%C3%A9s%20en%20psychologie,dimensions%E2%80%9D%20peuvent%20exp

impactent le plus la forme initiale pré-crise de l'aviation civile, en la transformant radicalement, et en inscrivant cette métamorphose dans la durée. Les procédures aéroportuaires par exemple, de lutte contre le terrorisme, qui ont vu le jour après les attentats du WTC, étaient censées être temporaires, mais au contraire, ces mesures sont devenues normatives, elles se sont intensifiées et finalement globalisées.

Le début de la crise de la Covid-19 sur l'aviation, a été marqué en premier lieu par la peur des voyageurs, de se retrouver dans un espace clos, pendant plusieurs, aux côtés de personnes potentiellement malades, qui pourraient éventuellement leur transmettre le virus. Ainsi, une vague d'annulation de billets d'avion a été enregistrée, avant même que les mesures de restrictions ne soient prises.

Quelques semaines plus tard, les restrictions liées à la crise du coronavirus obligeront les compagnies aériennes à annuler des vols par milliers. Le remboursement des billets d'avion est estimé par Brian Pearce, l'économiste en chef de l'IATA, pour le second trimestre de l'année 2020 uniquement, à plus de 35 M$.[88]

Ce phénomène a pris une proportion mondiale tellement grande, qu'il a poussé les autorités étatiques à réagir très fermement, pour garder le contrôle de la situation.

Plusieurs compagnies aériennes ont cessé de rembourser les passagers à la suite des vols annulés, et ont préféré offrir des « avoirs » sur de prochains vols, plutôt que de payer de grandes sommes d'argent. Or, la réglementation européenne, en matière d'annulation et de

[88] Brian-Pearce. (2020). Cash burn analysis. Montréal: IATA. Consulté le mai 7, 2021, sur https://www.iata.org/en/iata-repository/publications/economic-reports/covid-19-cash-burn-analysis/

remboursement, impose aux opérateurs aériens de rembourser les billets d'avion des vols non opérés, dans un délai de sept jours.[89]

Le bureau européen des unions de consommateurs « BEUC » et l'union fédérale des consommateurs « UFC » Que choisir, ont poussé la Commission européenne à lancer une enquête officielle à l'encontre de 57 compagnies aériennes, qui entendaient faire obstacle au droit de remboursement des passagers de vols annulés ; toutes ont été mises en demeure et l'affaire grave est en attente de jugement.[90]

La peur de la maladie, provoquée par l'hypermédiatisation de la crise de la Covid-19, est à l'origine des mesures de restrictions dans le secteur aérien. Initialement, ces procédures ont été mises en place afin de rassurer les passagers, mais très vite, toutes ces mesures se sont intensifiées de manière exponentielle.

8. Baisse du trafic aérien

Le 11 mars 2020, l'Organisation Mondiale de la Santé « OMS », par la voix de son directeur général, Dr Tedros Adhanom Ghebreyesus, annonce que la Covid-19 est désormais hissée au rang de pandémie mondiale. Pour justifier ce niveau de crise, l'ancien ministre des Affaires étrangères de l'Éthiopie, déclare que 118.000 cas dans 114 pays différents ont été recensés, 4291 décès enregistrés et que ces chiffres

---

[89] UE. (2004). Règles communes en matière d'indemnisation et d'assistance des passagers. Réglementaire, Bruxelles. Consulté le mai 7, 2021, sur https://eur-lex.europa.eu/legal-content/FR/TXT/HTML/?uri=CELEX:32004R0261&from=FR

[90] UE. (2021). Coordinated actions. Droit, Commission européenne , Bruxelles. Consulté le mai 7, 2021, sur https://ec.europa.eu/info/live-work-travel-eu/consumer-rights-and-complaints/enforcement-consumer-protection/coordinated-actions_en#airline-cancellations

continuent d'augmenter. L'OMS se dit profondément préoccupée par la propagation et la gravité des cas, et par l'insuffisance des mesures prises par les États. L'organisation déclarera deux jours plus tard que l'Europe est le nouvel épicentre du virus.[91]

Face à l'aggravation de la pandémie, les chefs d'État européens n'ont d'autre choix que de mettre en œuvre un nombre de mesures afin de réduire le contact humain, sur le modèle défini par l'université Johns Hopkins.[92]

Les écoles et les universités, les bars, les restaurants et les cinémas sont progressivement fermés. Tous les évènements culturels, comme les concerts et spectacles, et sportifs comme les matchs de football et compétitions de gymnastiques, sont reportés voire annulés. Plusieurs pays réinstaurent les contrôles aux frontières, et les confinements généraux des populations ne tardent plus à se démocratiser.

Le dispositif intégré européen de réaction au niveau politique dans les situations de crise « IPCR » est entièrement activé, et la Commission européenne décide de fermer les frontières de l'Europe à partir du 17 mars 2020, pour une durée de trente jours, bien que certains de ses membres avaient déjà en amont, décidé de la fermeture de leurs frontières.[93]

---

[91] Ghebreyesus, D. T. (2020, mars 11). Allocution liminaire du Directeur général de l'OMS lors du point presse sur la COVID-19 . Consulté le mars 7, 2021, sur who.int: https://www.who.int/fr/director-general/speeches/detail/who-director-general-s-opening-remarks-at-the-media-briefing-on-covid-19---11-march-2020

[92] Katie-Pearce. (2020, mars 13). What is social distancing and how can it slow the spread of Covid-19 ? Récupéré sur hub.jhu.edu: https://hub.jhu.edu/2020/03/13/what-is-social-distancing/

[93] UE. (2020). Guidelines for border management measures to protect health and ensure the availability of goods and essential services. Politique, Bruxelles. Consulté le mai 7, 2021, sur https://ec.europa.eu/home-affairs/sites/default/files/what-we-do/policies/european-agenda-migration/20200316_covid-19-guidelines-for-border-management.pdf

Immédiatement après, Bruxelles met en place un plan de rapatriement des voyageurs européens bloqués à l'étranger.[94]

Les conséquences de la fermeture des frontières en Europe, et des restrictions sociales sont très bien représentées en image par l'organisation européenne pour la sécurité de la navigation aérienne, Eurocontrol, dont la mission principale est d'harmoniser et d'unifier la gestion de la navigation aérienne en Europe, en coordonnant les opérations civiles et militaires. Eurocontrol diffuse sur son site internet le trafic aérien de la zone Europe en direct, et publie cette image de comparaison très révélatrice, entre le niveau du trafic aérien, le 31 mars 2019 et un an après le 29 mars 2020. L'image parle d'elle-même, près de 90% du trafic aérien en moins, par rapport à la même période l'année précédente.[95]

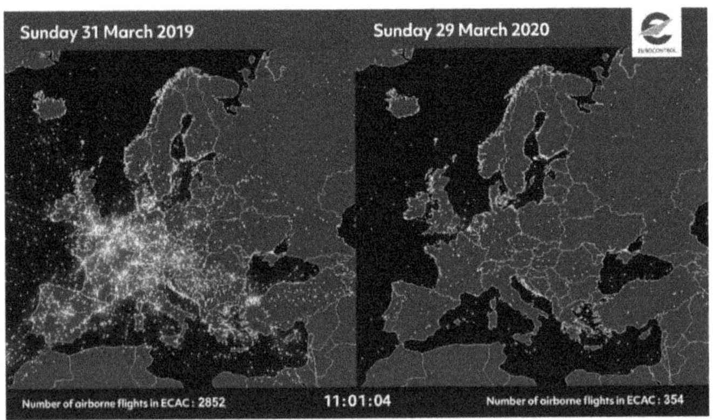

[94] UE. (2020). Vidéoconférence des ministres des affaires étrangères, 23 mars 2020. Politique, Bruxelles. Consulté le mai 7, 2021, sur https://www.consilium.europa.eu/fr/meetings/fac/2020/03/23/

[95] Eurocontrol (Réalisateur). (2020). Air traffic situation over Europe - 31 March 2019 vs 29 March 2020 [Film]. Europe. Récupéré sur https://www.youtube.com/watch?v=5ebn4O9i9nU

Les chiffres de cette organisation européenne, pour la semaine 15 de l'année, du 6 au 12 avril, sont impressionnants. 3259 vols uniquement en une semaine, soit 190.871 vols de moins, que la même semaine, l'année précédente. En à peine un mois et demi, entre le 1er mars 2020, et le 14 avril 2020, Eurocontrol enregistre un déficit net de 677.959 vols.[96]

Le mois d'avril 2020 a été, par rapport à toute la première année de la pandémie, et dans tout le monde, le mois qui a enregistré la plus grande chute du nombre total de passagers par rapport à l'année 2019. Près de 92% de baisse du volume de transport aérien en moyenne, avec un record de 98% de moins sur les vols internationaux, et de 87% de moins sur les vols domestiques. Ce mois dramatique pour le transport aérien, n'est qu'un échantillon de la situation de l'aviation commerciale durant l'année 2020.[97]

Les mesures politiques, liées à la situation sanitaire, ont continué à se renforcer, et à devenir de plus en plus contraignantes, au point de très fortement démotiver les voyageurs. La Thaïlande, par exemple, a mis en place une série d'étapes bien définies, pour que les non-thaïlandais puissent s'y rendre. [98]

---

[96] Eurocontrol. (2020). Air Traffic situation: Tue 14 April & Week 15 (6-12 April) (compared with equivalent day in 2019). Aéronautique, Bruxelles. Consulté le mai 7, 2021, sur https://www.eurocontrol.int/sites/default/files/2020-04/covid19-eurocontrol-comprehensive-air-traffic-assessment-14042020.pdf

[97] OACI. (2021). La COVID-19 fait chuter le nombre total de passagers de 60 % en 2020. Résultats, Montréal. Consulté le mai 8, 2021, sur https://www.icao.int/Newsroom/Pages/FR/2020-passenger-totals-drop-60-percent-as-COVID19-assault-on-international-mobility-continues.aspx

[98] Ambassade-Thaïlande. (s.d.). Partir en Thaïlande pendant la COVID-19 (pour les non-thaïlandais). Récupéré sur http://www.thaiembassy.fr/fr/voyagecovid/

Voici la marche à suivre :

- Demander et payer les frais de visa.[99]
- Réserver un billet d'avion, sur un vol semi-commercial, dans la liste proposée par les autorités thaïlandaises.[100]
- Souscrire à une assurance Covid, dont l'assureur est imposé par la Thaïlande.[101]
- Obtenir un certificat d'entrée sur le territoire.[102]
- Avoir un test PCR négatif, de moins de 72 d'heures avant le voyage.
- Un certificat médical non-covid, en anglais, certifié par un médecin généraliste.
- Être mis en quarantaine, pendant 14 jours, dans un hôtel de la liste des hôtels choisis et certifiés par les autorités locales.[103]

La Thaïlande, qui ne vivait quasiment que du tourisme international, était certainement l'un des pays les plus attractifs, pour ses prix

---

[99] Ambassade-Thaïlande. (s.d.). Visa. Récupéré sur http://www.thaiembassy.fr/fr/visa-rdv/infos-generales/

[100] Thailand. (s.d.). List of semi-com flight. Récupéré sur https://docs.google.com/spreadsheets/d/1ijBJOTgFJPAuWUfkPIA60iniXB9j9Ba2XHafXzA6JCw/edit#gid=2100613241

[101] Ambassade-Thaïlande. (s.d.). Covid-19 Insurance. Récupéré sur https://covid19.tgia.org/

[102] Ambassade-Thaïlande. (s.d.). Certificate of Entry (COE). Récupéré sur https://coethailand.mfa.go.th/regis/index?checkconfirm=true

[103] Amabassade-Thaïlande. (s.d.). List of ASQ (Alternative State Quarantine). Récupéré sur https://docs.google.com/spreadsheets/d/1z9a0-ROZXm1OJX13LHxkanKCS0h5O60sCfhx5LuMHoY/edit#gid=2132420569

très bas d'hébergements, de nourritures, de transports, et d'activités en tous genres.

Aujourd'hui, pour se rendre à Bangkok, les autorités thaïlandaises informent les voyageurs que la durée de la procédure totale, avant le voyage, est de trois semaines. Une fois sur place, il faut rester confiné pendant 14 jours, dans une chambre d'hôtel, dont les prix par nuits ont considérablement augmenté, sans pouvoir en sortir. Une carte automatique, qui permet une seule entrée en chambre, est donnée ; pas de possibilité donc de sortir et revenir. Durant tout le séjour, le voyageur ne pourra rencontrer personne, si ce n'est l'infirmière ou l'aide-soignante de l'hôtel, qui demande de faire un test PCR tous les jours ou deux. La nourriture commandée au restaurant de l'hôtel uniquement, est déposée devant la porte de la chambre, un employé de l'hôtel appelle le client afin qu'il ouvre sa porte et récupère son plateau-repas.

Ces mesures politiques et sanitaires, dont l'efficacité sur la propagation du virus est encore très discutée, ont contribué à la chute vertigineuse du trafic aérien, durant l'année 2020. Dans un rapport économique de l'OACI, datant du 15 janvier 2021, l'organisation annonce des résultats finaux calamiteux pour cette année :[104]

- 2,7 milliards de passagers de moins qu'en 2019, soit 60% de réduction.
- Une réduction de moitié (-50%) de sièges offerts par les compagnies aériennes.

---

[104] OACI. (2021). La COVID-19 fait chuter le nombre total de passagers de 60 %. Économique Aéronautique, Montréal. Consulté le mai 8, 2021, sur https://www.icao.int/Newsroom/NewsDoc2021fix/COM.02.21.FR.pdf

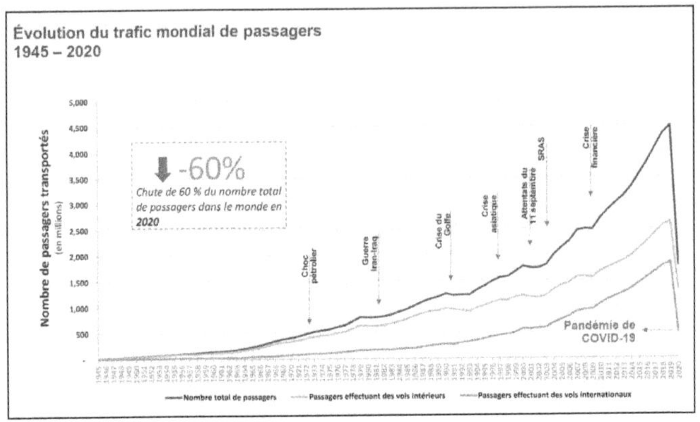

Si le niveau du trafic aérien de passagers a été extrêmement affecté par l'impact de la Covid-19, qui a cloué au sol la quasi-totalité des avions de ligne, ce n'est pas le cas du transport de fret, dit cargo, qui lui continue de prospérer. Non seulement les résultats de ce secteur sont restés stables à un taux positif, mais en plus ils augmentent légèrement notamment avec la transformation des avions passagers en cargo. Les avions de ligne dédiés aux passagers ne transportent pas que des passagers et leurs bagages, mais ils assurent généralement, 50% du transport aérien de marchandises, à travers le monde, ne laissant aux avions-cargos, construits à cet effet, que les 50% restants du marché global. D'ailleurs, les compagnies aériennes, compensent les vols avec un nombre de passagers réduits, par le transport de fret, extrêmement rentable.[105]

En effet, le 30 avril 2020, Airbus annonce qu'elle travaille actuellement sur le développement d'une solution d'aménagement de deux

[105] Reuters. (2020, avril 30). Airbus propose un aménagement de ses avions passagers pour faire du transport cargo. Récupéré sur investir.lesechos.fr: https://investir.lesechos.fr/actions/actualites/airbus-propose-un-amenagement-de-ses-avions-passagers-pour-faire-du-transport-cargo-1907227.php

de ses avions gros-porteurs Airbus A330 et Airbus A350, pour proposer aux compagnies aériennes d'installer des palettes de fret, fixées sur les rails de sièges du plancher cabine. En l'absence de sièges passagers, le A330 devrait être capable de transporter 7,3 tonnes de charge utile payante, de plus en cabine, soit l'équivalent de 28 palettes de fret, et le A350 transporterait 7,8 tonnes de supplémentaires, soit 30 palettes de marchandises. L'avionneur européen assure qu'il accompagne ce projet d'une protection contre les risques d'incendies, et d'une amélioration de la capacité de retenue de la charge, empêchant tout mouvement des marchandises durant le vol. [106]

Beaucoup se sont interrogés sur la possibilité de transformer ces appareils construits pour le transport de passagers, en transporteurs de cargo. La difficulté n'est pas tant de retirer les sièges et d'installer des palettes à leur place, mais c'est plutôt une question de résistance du sol de la cabine. Dans les avions passagers, la surface de la cabine est construite de manière à résister aux poids des sièges, des individus, assis et en mouvement, et des petits bagages et effets personnels. La charge de ces poids, aussi grande soit-elle, est bien répartie dans la masse et le centrage de l'avion et elle n'influe pas autant, sur un mètre carré, que la charge du poids d'une palette de plusieurs tonnes ; que dire alors de plusieurs dizaines de palettes sur cette surface !

Les voyageurs peuvent se déplacer, à plusieurs en même temps, pendant que les hôtesses de l'air font le service et poussent les chariots mobiles, à bord d'un A340, sans que cela ne modifie les centres de gravité et de poussée de l'appareil. Mais si par malheur, une ou plusieurs palettes, de quelques tonnes chacune, venaient à bouger durant un

---

[106] Voir annexe 2 : Airbus – Nouvelle solution de fret.

vol, surtout pendant les phases de montées et de descentes, les conséquences pourraient être catastrophiques.

Ce fut d'ailleurs le cas avec un Boeing 747 de l'Armée de l'air américaine, qui décollait de la base aérienne de Bagram en Afghanistan, le 29 avril 2013, à destination de Dubaï, et qui transportait 207 tonnes de cargo, dont cinq véhicules blindés de type MRAP, qui pèsent près de 16 tonnes chacun. Durant la phase de décollage, un ou deux des véhicules mal sanglés, se sont décrochés et ont glissé vers l'arrière, causant des dommages très graves aux systèmes hydrauliques et mécanismes qui contrôlent le stabilisateur horizontal, et modifiant le centrage de l'aéronef de manière brutale. L'avion incontrôlable a décroché à très basse altitude, et a percuté le sol, tuant les quatre pilotes, les deux mécaniciens et le chef arrimeur de fret.[107].

Dans son rapport économique, l'OACI a publié un graphique du nombre de vols cargo dans le monde, en fonction du rythme de croissance annuelle, comparée à l'année précédente, durant le pic de la pandémie du coronavirus. Durant ce premier trimestre 2020, cette croissance a atteint 35% de plus que l'année 2019. Le résultat est sans surprise compte tenu de la situation sanitaire, et de l'accroissement des vols pour le transport de matériels médicaux, notamment depuis la Chine.[108]

---

[107] Aeronewstv.com. (2015, juillet 17). Vidéo - Crash du Boeing 747 cargo en Afghanistan, le chargement en cause. Récupéré sur https://www.aeronewstv.com/fr/evenements/crash/2710-crash-du-boeing-747-cargo-en-afghanistan-le-chargement-en-cause.html

[108] OACI. (2021). Effects of Novel Coronavirus (COVID-19) on Civil Aviation : Economic Impact analysis. Économique, Montréal. Consulté le mai 8, 2021, sur https://www.icao.int/sustainability/Documents/Covid-19/ICAO_coronavirus_Econ_Impact.pdf

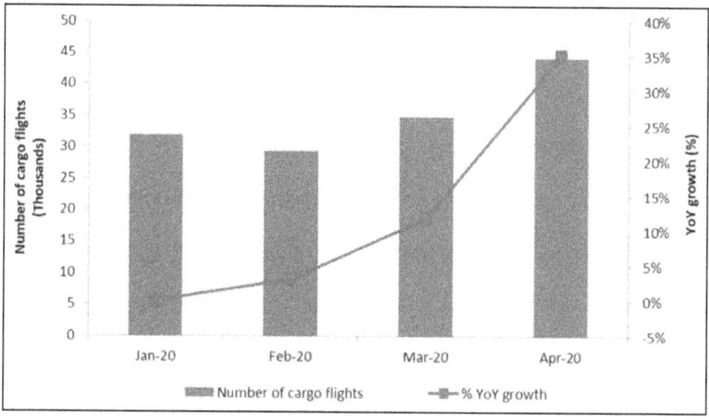

La Covid-19 a également donné l'opportunité au secteur de l'aviation d'affaires de prendre son envol comme jamais auparavant. Ce secteur enregistre une évolution de croissance de près de 20% sur l'année 2020, due en partie au fait qu'il n'y a pas d'autres alternatives rapides, étant donné que l'aviation commerciale est en déclin et que les procédures des vols encore possibles, sont interminables.[109]

À cet égard, le milliardaire Bill Gates, qui est sur tous les fronts depuis le début de cette pandémie, participe à une vente aux enchères, pour racheter le plus grand opérateur de jets privés au monde, avec la somme de 4,7 M$, tout en publiant son nouveau livre « Comment éviter une catastrophe climatique ».[110]

---

[109] Everaert-Benjamin. (2020, septembre 13). L'aviation d'affaires s'envole grâce au coronavirus. Récupéré sur lecho.be: https://www.lecho.be/entreprises/aviation/l-aviation-d-affaires-s-envole-grace-au-coronavirus/10251019.html

[110] Katz, B. (2021, février 5). Bill Gates Joins Private-Equity Firms in $4.7 Billion Deal for Private-Jet Company. Récupéré sur .wsj.com: https://www.wsj.com/articles/bill-gates-joins-private-equity-firms-in-4-7-billion-deal-for-private-jet-company-11612534767

9. Dommages économiques

De telles diminutions du trafic aérien, et du volume de transport, ne peuvent qu'avoir des répercussions majeures sur l'économie de l'ensemble du secteur aéronautique et conséquemment de l'économie mondiale, comme les deux sont intrinsèquement liées.

Le 27 octobre 2020, l'IATA publie un rapport économique signé par son chef économiste, Brian Pearce, intitulé : « Les coûts de l'industrie aéronautique, peuvent-ils être réduits afin de devenir positifs ? ». Le chercheur estime que les recettes du transport aérien de passagers ainsi que les revenus liés à ce secteur, qui étaient en expansion et qui s'évaluaient à environ 850 M$ en 2019, ont brutalement chuté jusqu'à environ 320 M$ en 2020. L'expert prévoit néanmoins, que ce ralentissement sera suivi d'une reprise progressive, qui amènera en 2021, à un résultat de 51% en moins par rapport au niveau prévisionnel annoncé en 2019, avant la crise.[111]

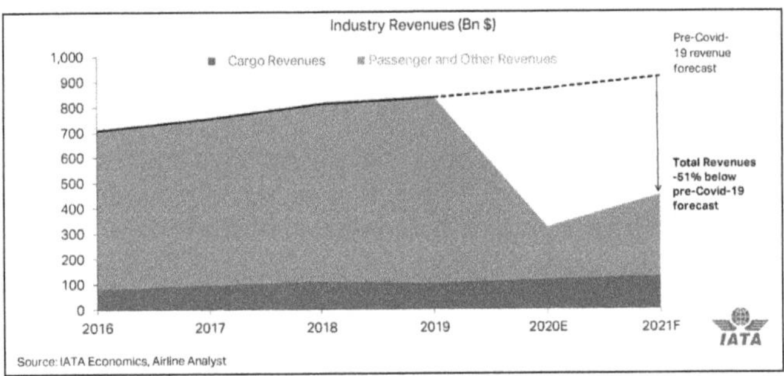

[111] Pearce, B. (2020, Octobre 27). Can costs be downsized to make the industry cash positive ? Économique, Montréal. Consulté le Janvier 22, 2021, sur iata.org: https://www.iata.org/en/iata-repository/publications/economic-reports/can-costs-be-downsized-to-make-the-industry-cash-positive/

Cette perte nette, envisagée de 530 M$, a des conséquences catastrophiques sur toute l'aviation commerciale, tout d'abord parce que cette somme ne sera, tout simplement, jamais compensée, tant la croissance annuelle est légère. Aussi, cette projection place le niveau de la reprise très bas, parallèlement à la croissance initialement prévue, de laquelle ont découlé un certain nombre de décisions, qui ont engagé les compagnies aériennes sur plusieurs dizaines d'années, comme la commande d'avions, le recrutement de personnels, l'ouverture de nouveaux réseaux de destinations, la création de partenariats publicitaires, etc.

Airbus a su encaisser le choc de cette crise, et démontre la solidité de sa structure en publiant ses résultats pour l'année 2020, dont la perte nette s'est limitée à 1,1 M€, pour un chiffre d'affaires total de 49,9 M€, évidemment en baisse, mais seulement de 29% par rapport à 2019, ce qui met fin à près de dix ans de croissance ininterrompue de ses lignes de productions. Le constructeur européen a tout de même livré 566 avions durant cette année noire, soit 34% de moins que l'année précédente.[112]

Bien qu'Airbus enregistre une perte, celle-ci reste très modeste en comparaison avec celle de son grand rival Boeing, qui lui touche le fond. L'avionneur américain, est déjà fragilisé par la décision d'interdiction de vol du nouveau-né de la famille Boeing 737, le B737-Max, à la suite de deux accidents des compagnies aériennes Lion Air en 2018, et Ethiopian Airlines en 2019, qui ont tué 346 personnes.[113]

---

[112] Airbus. (2021). Airbus reports Full-Year (FY) 2020 results. Économique, Toulouse . Consulté le mai 15, 2021, sur https://www.airbus.com/newsroom/press-releases/en/2021/02/airbus-reports-full-year-2020-results.html

[113] EASA. (2020). Boeing 737-8 MAX and 737-9 MAX - Suspension of Flight Operations. Aéronautique, Bruxelles. Consulté le mai 15, 2021, sur https://ad.easa.europa.eu/blob/EASA_SD_2019_01_superdeded.pdf/SD_SD-2019-01_1

Le 18 novembre 2020, le feu vert est finalement donné au 737 Max, par la Federal Aviation Administration « FAA », l'équivalent de la DGAC française aux Etats-Unis, mais un autre coup dur vient frapper de plein fouet le géant Américain, qui a dû repousser les livraisons aux compagnies aériennes de son Boeing 777X jusqu'au moins le premier trimestre 2024, selon Sir Tim Clark, directeur général d'Emirates.[114]

Les chiffres de l'année 2020 sont désastreux pour Boeing, qui essuie une perte nette de 11,94 M$, pour un chiffre d'affaires de 58,16 M$, soit une diminution de 24% par rapport à 2019. L'avionneur n'a livré que 157 appareils en 2020, contre 380 l'année précédente.[115]

La perte des compagnies aériennes historiques seulement, s'estime à plusieurs millions d'euros par jour, sans grands revenus générés depuis le début de la pandémie.

Pour illustrer le niveau de ces pertes, il est intéressant de regarder le cas spécifique d'une compagnie aérienne nationale, pour se rendre compte de l'impact négatif des restrictions liées à la Covid-19, sur la situation économique et financière de celle-ci. Par projection, un opérateur de même type et de même taille, affichera plus ou moins les mêmes pertes. Voici les résultats d'Air France-KLM, de l'année 2020 et les pertes par rapport à l'année 2019, que nous avons regroupé dans un tableau :

---

[114] Loïs-Larges. (2021, février 19). Boeing 777X : une première livraison encore repoussée. Récupéré sur capital.fr: https://www.capital.fr/entreprises-marches/boeing-777x-une-premiere-livraison-encore-repoussee-1394641

[115] Boeing. (2021). Boeing Reports Fourth-Quarter Results. Économique, Chicago. Consulté le mai 15, 2021, sur https://boeing.mediaroom.com/2021-01-27-Boeing-Reports-Fourth-Quarter-Results?asPDF=1

	Chiffres d'affaires	Résultats d'exploitation	Résultats nets
Trimestre 1[116]	5,020 m€ -922 m€ 5	-815 m€ -529 m€ -	-1,801 m€
Trimestre 2[117]	1,182 m -5,839 m€	-1,553 m -1,976 m€	-2,612 m€
Trimestre 3[118]	2,524 m -67%	-1,046 m€ -1,955 m€	-1,665 m€
Année 2020[119]	11,1 M€ -59%	-4,5 M€ -5,7 M€	-7,1 M€ Dette 11 M€ + 4.9 M€

Lufthansa, annonce un résultat d'exploitation de 5,5 milliards d'euros de perte pour l'année 2020.[120]

---

116 AirFrance-KLM. (2020). Trimestre 1. Économique, Paris. Consulté le mai 9, 2021, sur https://www.airfranceklm.com/sites/default/files/q1_2020_press_release_fr_final_0.pdf

117 AirFrance-KLM. (2020). Trimestre 2. Ééconomique, Paris. Consulté le mai 9, 2021, sur https://www.airfranceklm.com/sites/default/files/q2_2020_press_release_fr_final.pdf

118 AirFrance-KLM. (2020). Trimestre 3. Ééconomique, Paris. Consulté le mai 9, 2021, sur https://www.airfranceklm.com/fr/system/files/q3_2020_press_release_fr_final.pdf

119 AirFrance-KLM. (2020). Année 2020. Ééconomique, Paris. Consulté le mai 9, 2021, sur https://www.airfranceklm.com/sites/default/files/q4_2020_press_release_fr_final.pdf

120 Lufthansa-Group. (2020). Lufthansa Group prepares for strong demand growth in 2021 after operating loss of 5.5 billion euros. Berlin. Consulté le mai 9, 2021, sur https://www.google.com/search?q=op%C3%A9erating+loss+en+francais&rlz

Le groupe Emirates, pourtant très solide économiquement du fait de soutien par l'Émirat de Dubaï, annonce 74% de revenus en moins, et une perte de 3,8 M$ pour l'année comptable 2020-2021.[121]

Cathay Pacific, la compagnie nationale d'Hongkong annonce une baisse de revenus de 56% par rapport à 2019, et une perte de 2,8 M$.[122]

Les autres compagnies porte-drapeaux ont toutes, plus ou moins, annoncé des résultats en chute libre historiques, et les exemples se comptent par dizaines. Les fermetures de frontières sont à l'origine de ces pertes, mais elles n'en sont pas les seuls facteurs.

Les coûts fixes, très élevés, des opérateurs aériens historiques, comme les salaires des employés, les coûts des bâtiments, des avions, etc. participent grandement à accroître le niveau de ces pertes, qui ne s'observent pas chez les compagnies low-cost. En effet, les grands opérateurs historiques disposent de peu de marges de manœuvre pour diminuer leurs coûts fixes, qui représentent en moyenne la moitié de leurs coûts totaux. Les 42,000 collaborateurs d'Air France représentent 40% des frais fixes de la compagnie, contre 24% seulement chez Ryanair.[123]

=1C1CHBF_frFR927FR927&oq=op%C3%A9erating+loss+en+francais&aqs=chrome..69i57j0i22i30l2.6601j1j9&sourceid=chrome&ie=UTF-8

121 Groupe-Emirates. (2021). Emirates Group announces half-year performance for 2020-21. Économique, Dubaï. Consulté le mai 9, 2021, sur https://www.emirates.com/media-centre/emirates-group-announces-half-year-performance-for-2020-21/#:~:text=DUBAI%2C%20U.A.E.%2C%2012%20November%202020,the%20same%20period%20last%20year.

122 CatheyPacific. (2021). 2020 Annual Results. Économique, Hongkong. Consulté le mai 9, 2021, sur https://www.cathaypacific.com/content/dam/cx/about-us/investor-relations/announcements/en/2020_annual_results_announcement_en.pdf

123 AirFrance. (s.d.). La Compagnie. Récupéré sur corporate.airfrance.com: https://corporate.airfrance.com/fr/la-compagnie

Ryanair, le premier transporteur européen en nombre de passagers, annonce des pertes pour l'année 2020, qui s'évaluent entre 850 m€ et 950 m€ seulement, ce qui est tout à fait négligeable par rapport aux milliards que sont en train de payer ses concurrents.[124]

La compagnie Wizzair, qui a continué à opérer avec plus de 82% de ses capacités, n'a enregistré que près de 57 m€ de pertes durant les deux premiers semestres 2020, comparés à l'année dernière à la même période où elle faisait un profit net de 72 m€.[125]

Ce qui est sûr, c'est que les opérateurs aériens européens font beaucoup de bénéfices durant l'été grâce aux vacances scolaires, alors qu'en hiver, généralement ils perdent. C'est-à-dire qu'un bon été pour une compagnie aérienne française, c'est une bonne année. En Asie, la répartition des vols entre l'été et l'hiver est plutôt stable, donc une bonne année pour une compagnie chinoise, c'est soit un bon été, soit un bon hiver. Si la reprise, telle qu'estimée par Pearce, se fait au début de l'année 2021, alors les compagnies aériennes européennes seront en perte, voire en déficit jusqu'en 2022.

Didier Bréchemier, et Emmanuel Combe, signent une nouvelle étude, publiée par la Fondation pour l'Innovation Politique « FONDAPOL », qui s'intitule « *Avant le Covid-19, le transport aérien en Europe : un secteur déjà fragilisé* » dans laquelle ils soutiennent que les low-cost comme Ryanair et Wizzair, en Europe, s'en sortent beaucoup

---

[124] Covid-19 : Ryanair prévoit la pire perte annuelle de son histoire. (2021, février 01). Récupéré sur lepoint.fr: https://www.lepoint.fr/economie/covid-19-ryanair-prevoit-la-pire-perte-annuelle-de-son-histoire-01-02-2021-2412052_28.php

[125] Goriainoff, A. O. (2020, juillet 29). Wizz Air swings to loss due to coronavirus. Récupéré sur marketwatch.com: https://www.marketwatch.com/story/wizz-air-swings-to-loss-due-to-coronavirus-2020-07-29

mieux que les compagnies historiques, par leur souplesse et par les liquidités qu'ils ont accumulées. Notons par exemple, que Wizzair avait en début de crise 176 jours de liquidités devant elle et Ryanair possédait 170 jours de liquidité alors que selon le Crédit suisse, Air France n'avait que 69 jours uniquement pour, et 25 jours seulement pour Lufthansa.[126]

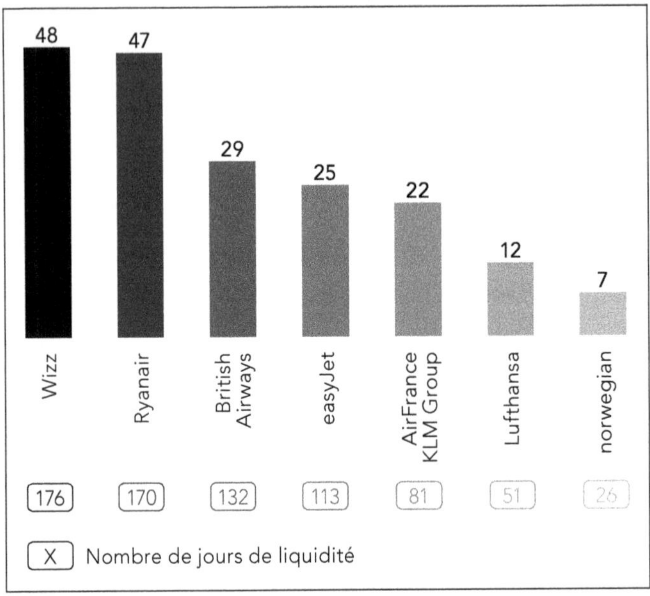

Les vols courts et moyen-courriers s'en sortent mieux que les vols internationaux, justement en raison des restrictions. Les low-cost n'opèrent généralement que ce type de vol là et c'est dans ce contexte qu'ils enregistrent moins de pertes.

[126] Bréchemier, D., & Combe, E. (2020, Décembre 22). Avant le Covid-19, le transport aérien en Europe : un secteur déjà fragilisé. Paris: Fondapol. Consulté le Décembre 26, 2020, sur http://www.fondapol.org/etude/apres-le-covid-19-le-transport-aerien-en-europe-le-temps-de-la-decision/

La situation aurait cependant pu être encore plus grave si le prix du baril de pétrole n'avait pas autant chuté. Durant le début de la pandémie de la Covid-19, les restrictions sanitaires qui ont touché la moitié de la population mondiale, ont conduit à la chute de la demande de pétrole de plus de 30%. La Russie et l'Arabie Saoudite ont également beaucoup accru leur production de pétrole, afin de nuire aux producteurs de pétrole de schiste américains, ce qui a augmenté l'offre pétrolière sur le marché, donc diminué la demande et naturellement fait chuter le prix du baril de pétrole à moins de 20$ le baril, soit le prix le plus bas en vingt ans. Ce prix est même devenu négatif aux États-Unis, ce qui ne s'était jamais vu.[127]

Dans son rapport économique annuel, l'OACI annonce les pertes de revenus par continent :

- Amérique du Nord = 88 M$
- Amérique du Sud et Caraïbes = 26 M$
- Europe = 100 M$
- Afrique = 14M$
- Moyen-Orient = 22 M$
- Asie et Pacifique = 120 M$

Les chutes de revenus sur les vols internationaux s'élèvent à 250 M$ et à 120 M$ sur les vols domestiques, soit un total de pertes, enregistrées sur toute l'année 2020, à cause de la crise de la Covid-19 de 370 milliards de dollars.[128]

---

[127] Prix du baril - Le cours officiel du pétrole. (2021, mai 9). Récupéré sur https://prixdubaril.com/

[128] OACI. (2021). Effects of Novel Coronavirus (COVID-19) on Civil Aviation : Economic Impact analysis. Économique, Montréal. Consulté le mai 8, 2021, sur https://www.icao.int/sustainability/Documents/Covid-19/ICAO_coronavirus_Econ_Impact.pdf

CHAPITRE 3

Des mesures pour amortir le crash

« Tout le monde veut vivre aux dépens de l'État et on oublie que l'État vit aux dépens de tout le monde »

— Frédéric Bastiat

Une perte nette de 370 milliards de dollars, sur une année, n'est pas sans impact sur toute l'aviation civile, durant plusieurs années. Hors de question que les constructeurs aéronautiques ou les compagnies aériennes paient seuls cette lourde facture, ce sont donc les États, les entreprises et les 87 millions d'employés, qui se partageront la note de frais.

En bref, tout le secteur de l'aérien travaille à soigner les plaies de ses nombreuses blessures économiques, beaucoup trop grandes et profondes pour être traitées par un acteur isolé. Il faut dorénavant unir toutes les forces aéronautiques et étatiques pour espérer survivre. Les professionnels du secteur sont également appelés à accepter de faire de grandes concessions sur leurs salaires et leurs avantages, afin d'aider les entreprises en difficulté à retrouver une croissance positive.

Néanmoins, beaucoup de compagnies aériennes, et d'entreprises diverses et variées du secteur aérien, profitent de la situation mondiale, pour faire le ménage dans leurs propres rangs, en licenciant abusivement certains employés, très anciens, parce qu'ils coûtent plus cher, ou d'autres dont ils ne veulent simplement pas, pour pouvoir les remplacer par de nouveaux venus, avec des contrats très favorables aux employeurs.

De nouvelles problématiques ont également vu le jour durant cette crise coronavirus, dans tous les domaines liés à l'aviation civile. En effet, la perte d'expérience ainsi que la dégradation des compétences et des connaissances, aussi bien des pilotes de ligne que des pompiers d'aérodrome, ou encore des conducteurs de bus dans les zones aéroportuaires, représentent un risque majeur pour les opérations aériennes. Seront exposées dans ce chapitre quelques mesures qui ont été prises pour atténuer ces effets et pousser les entreprises à former leurs employés, avant de les remettre au travail, après un temps d'arrêt conséquent.

10. Les états interviennent

Dès le début de la pandémie, les États ont pris très au sérieux la menace du ralentissement des activités de toutes les compagnies aériennes, porte-drapeaux et privés, et la mise en faillite, quasi immédiate, de plusieurs autres opérateurs aériens.

Les autorités étatiques ont jugé que leurs interventions sont désormais nécessaires à la survie de toute l'industrie aéronautique, d'abord fragilisée, puis rapidement à l'agonie. La prise de conscience, quant à la gravité de la situation, a permis de débloquer des fonds publics et de les distribuer selon différents critères. Cependant, il subsiste une question primordiale et légitime que se pose tout le monde : quelles autorités aident quelles entreprises ?

Ces aides proviennent de différentes sources, elles sont parfois étatiques, c'est-à-dire impulsées par les gouvernements des pays dont sont issues ces compagnies aériennes, ou parfois institutionnelles, comme les différentes interventions de l'UE dans l'apport de fonds et de solutions, pour les entreprises en difficulté. Les aides, quelles que soit leurs origines, ont en commun leurs différentes formes, toutes listées ci-dessous :[129]

- Reports de cotisations sociales
- Prise en charge du chômage partiel
- Reports de paiement des taxes
- Garantie de prêts bancaires
- Prise de participation dans le capital
- Nationalisation de la compagnie

Dans cette partie, quelques exemples sont présentés pour illustrer les faits, mais il ne s'agit pas de mentionner toutes les aides à travers le monde, ce serait long et surtout inutile.

11. Des aides financières

Considérant cette baisse vertigineuse d'activités, dont les frais s'évaluent déjà à plusieurs milliards d'euros, l'UE décide de suspendre temporairement, jusqu'au 24 octobre 2020, les exigences relatives aux créneaux d'aéroport, qui obligeaient les opérateurs aériens à utiliser au moins 80% de leurs créneaux de décollage et d'atterrissage, même si

[129] Bréchemier, D., & Combe, E. (2020, Décembre 22). Avant le Covid-19, le transport aérien en Europe : un secteur déjà fragilisé. Paris: Fondapol. Consulté le Décembre 26, 2020, sur http://www.fondapol.org/etude/apres-le-covid-19-le-transport-aerien-en-europe-le-temps-de-la-decision/

les avions sont vides, pour pouvoir continuer à bénéficier de ces plages horaires l'année suivante.[130]

Cette mesure, qui sera adoptée le 30 mars 2020, tend à assouplir les charges des compagnies aériennes, qui commencent petit à petit, à annuler leurs vols réguliers, pour cause de coronavirus.[131]

Très tôt en début de crise, Norwegian Airlines, la troisième compagnie low-cost d'Europe, dont la dette s'élevait à plus de 3 M€ au début de l'année 2019, et qui ne possédait que 26 jours de liquidités devant elle, a bénéficié d'une garantie de la Norvège pour un prêt de 280 m€. Cette aide n'a pas empêché la mise en faillite de ses filiales suédoise et danoise. En mai, 2020 cette compagnie très fragilisée a bénéficié de 880 m€, mais en contrepartie, elle devra échanger une part de sa dette en actions.[132]

Le groupe Air France-KLM, entré en pandémie avec environ 81 jours de liquidités devant lui, bénéficie immédiatement de plusieurs prêts et garantis, qui s'élèvent à 10,4 milliards d'euros entre avril et juin 2020 :[133]

---

[130] UE. (2020). COVID-19: Council agrees its position on helping airlines by suspending slot requirements. Politique, Bruxelles. Consulté le mai 7, 2021, sur https://www.consilium.europa.eu/fr/press/press-releases/2020/03/20/covid-19-council-agrees-its-position-on-helping-airlines-by-suspending-slot-requirements/

[131] UE. (2020). Règlement du parlement européen et du conseil modifiant le réglement N° 95/93 . Politique, Bruxelles. Consulté le mai 7, 2021, sur https://data.consilium.europa.eu/doc/document/PE-4-2020-REV-1/fr/pdf

[132] Trévidic, B. (2020, novembre 9). La Norvège lâche la compagnie aérienne Norwegian. Récupéré sur lesechos.fr: https://www.lesechos.fr/industrie-services/tourisme-transport/la-norvege-lache-la-compagnie-aerienne-norwegian-1263425

[133] UE. (2020). Aides d'État: la Commission autorise un projet français d'octroi d'un soutien de trésorerie urgent de 7 milliards € à Air France. Bruxelles. Consulté le mai 13, 2021, sur https://ec.europa.eu/commission/presscorner/detail/fr/ip_20_796

- 1 M€ de prêt de l'État néerlandais ;
- 3 M€ de prêt de l'État français ;
- 2,4 M€ prêtés par onze banques, garantis à 90% par l'État néerlandais ;
- 4 M€ prêtés par neuf banques, garantis à 90% par l'État français.

L'Allemagne n'a pas hésité à voler au secours de sa compagnie aérienne historique, Lufthansa, en lui octroyant un certain nombre de prêts et de garantis :[134]

- 9 M€ d'aide par le Fonds de Stabilisation Économique « WSF »
- Augmentation du capital de l'État à hauteur de 20%
- Un prêt de 3 M€ de la banque d'investissement publique KfW.

L'Espagne, quant à elle, est venue à la rescousse du groupe IAG (British Airways, Iberia, Vueling, Air Europa) qui a garanti deux prêts à hauteur de 70 % :[135]

- 750 m€ pour Iberia
- 260 m€ pour Vueling

---

[134] UE. (2020). Aides d'État: la Commission autorise une mesure allemande de 6 milliards € destinée à recapitaliser Lufthansa. Bruxelles. Consulté le mai 13, 2021, sur https://ec.europa.eu/commission/presscorner/detail/fr/IP_20_1179

[135] IAG's Spanish airlines secure $1.1 billion of state-backed loans. (2020, mai 1). Récupéré sur reuters.com: https://www.reuters.com/article/us-health-coronavirus-iag-debt-idUSKBN22D56D

Le gouvernement italien prend les commandes d'Alitalia, en compensant les pertes de 2019, en nationalisant la compagnie aérienne et en investissant :[136]

- 600 m€ pour maintenir la compagnie à flot ;
- 200 m€ pour refouler les pertes.

Le gouvernement de la Belgique, aide à son tour sa compagnie nationale Brussels Airlines, héritière de la Sabena :[137]

- Un prêt de 387 m€
- Une augmentation de capital de 3 m€

EasyJet, la compagnie low-cost préférée des pilotes de ligne, entrée dans la crise avec 113 jours de liquidités devant elle, obtient 600 m£ d'aides de l'État britannique.[138]

De l'autre côté de la manche, c'est American Airlines, Frontier Airlines, Hawaiian Airlines, Sky West Airlines et Spirit Airlines, qui

---

136 UE. (2020). State aid: Commission approves €199.45 million Italian support to compensate Alitalia for damages suffered due to coronavirus outbreak. Bruxelles. Consulté le mai 13, 2021, sur State aid: Commission approves €199.45 million Italian support to compensate Alitalia for damages suffered due to coronavirus outbreak

137 UE. (2020). State aid: Commission approves €290 million Belgian support to Brussels Airlines in the context of the coronavirus outbreak. Bruxelles. Consulté le mai 13, 2021, sur https://ec.europa.eu/commission/presscorner/detail/en/IP_20_1507

138 GwynTopham. (2020, avril 6). EasyJet secures £600m coronavirus loan from UK Treasury and Bank. Récupéré sur theguardian.com: https://www.theguardian.com/business/2020/apr/06/easyjet-secures-600m-coronavirus-loan-from-uk-treasury-and-bank

ont sollicité les aides de l'État, à hauteur de 50 M$, bien qu'ils soient aujourd'hui les compagnies aériennes les plus profitables.[139]

Intéressant est de constater, que toutes ces aides financières ne se valent pas, dans la mesure où chaque pays a décidé seul, avec l'appui de l'UE, de soutenir sa compagnie nationale historique, ou même un low-cost très profitable, de manière totalement aléatoire, sans s'être mis d'accord avec les autres partenaires européens, ne serait-ce qu'à des fins de limitions de la concurrence.

Ceci est une énième confirmation, qui vient s'ajouter à une longue liste, qu'en cas de crise majeure, il n'y a plus que la souveraineté qui compte. Cette dernière laisse derrière elle les grands discours de rassemblements et d'unions. À cet égard, l'article 107 du traité sur le fonctionnement de l'Union européenne « TFUE » désigne d'incompatible sur le marché intérieur, les aides accordées par les États, car celles-ci menaceraient la concurrence au sein de l'UE.[140]

Article 107 (ex-article 87 TCE) 1. *Sauf dérogations prévues par les traités, sont incompatibles avec le marché intérieur, dans la mesure où elles affectent les échanges entre États membres, les aides accordées par les États ou au moyen de ressources d'État sous quelque forme que ce soit qui faussent ou qui menacent de fausser la concurrence en favorisant certaines entreprises ou certaines productions.*

---

[139] Le Trésor américain s'accorde avec 5 compagnies aériennes sur des milliards de prêts. (2020, juillet 9). Récupéré sur lefigaro.fr: https://www.lefigaro.fr/flash-eco/le-tresor-americain-s-accorde-avec-5-compagnies-aeriennes-sur-des-milliards-de-prets-20200702

[140] UE. (2012). Journal officiel de l'Union Européenne. Bruxelles: C 326. Consulté le mai 14, 2021, sur https://eur-lex.europa.eu/legal-content/FR/TXT/PDF/?uri=OJ:C:2012:326:FULL&from=FR

12. L'exemple français : allégements fiscaux et soutiens administratifs

Le 31 mars 2020, la Commission européenne confirme la possibilité de report de paiement des taxes de l'aviation civile et de solidarité sur les billets d'avion, mise en place avec la collaboration d'Eurocontrol, à qui la France a délégué le recouvrement de la redevance pour services terminaux de la circulation aérienne, auprès de l'ensemble des compagnies aériennes qui fréquentent les aéroports de France.[141]

Le 1er avril 2020, le ministre délégué chargé des transports, Jean-Baptiste Djebbari, propose le report de plusieurs taxes et redevances aéronautiques, exigibles entre mars et décembre 2020, afin d'apporter un soutien à la trésorerie des compagnies aériennes.

Le ministre dira d'ailleurs à ce propos : « *Cette mesure contribuera dans le contexte de la pandémie Covid-19 à soulager les tensions en termes de trésorerie auxquelles fait face le transport aérien français. L'Etat l'accompagnera ainsi jusqu'à la fin de l'année, y compris dans la phase de reprise du trafic. Elle démontre la solidarité de l'État avec ce secteur économique, en mobilisant le budget annexe de l'aviation civile pour jouer un rôle d'amortisseur de la crise* ».[142]

Soucieux de pallier aux difficultés des professionnels de l'aérien et des entreprises, à remplir les conditions pour le maintien à jours d'un certain nombre de certificats, de qualifications, d'agréments ou

---

[141] UE. (2020). Aide d'État SA.56765 (2020/N). Politique, Bruxelles. Consulté le mai 14, 2021, sur https://ec.europa.eu/competition/state_aid/cases1/202017/285237_2150596_52_7.pdf

[142] Ministère-de-la-transition-écologique. (2020). Report de plusieurs taxes et redevances aéronautiques. Politique, Paris. Consulté le mai 13, 2021, sur https://www.ecologie.gouv.fr/report-plusieurs-taxes-et-redevances-aeronautiques

d'autorisations, la Direction Générale de l'Aviation Civile « DGAC », en coordination avec les autres ministères pouvant être concernés, comme celui des armées ou de l'intérieur, et en notifiant l'AESA, ont décidé la dérogation et l'aménagement de certaines conditions d'opérations. Les autorités aériennes françaises ont proposé des solutions sur les cinq dossiers principaux ci-dessous. Voici quelques exemples de réformes dans chaque unité :[143]

- Personnels Navigants :
  - Les élèves-pilotes doivent passer une visite médicale initiale classe 1, pour pouvoir prétendre devenir pilotes de ligne. La validité de ce certificat médical n'est que d'un an exactement, il faut donc, jusqu'à la fin de sa carrière, le renouveler chaque année. La DGAC a permis, jusqu'au 31 mars 2021, sans dépasser cette date, que les pilotes, dont les classe 1 arrivent à échéance, bénéficient, au titre de la dérogation 20-047, de quatre mois supplémentaires de validité, pour pouvoir les renouveler.[144]
  - Un pilote de ligne avec une qualification de type, qui arrive à la fin de sa date de validité, peut, jusqu'au 31 mars 2021, sans dépasser cette date, bénéficier de quatre mois

---

[143] DGAC-DSAC. (2021). Mesures prises par la France dans le domaine de la sécurité aérienne pour faire face aux conséquences de l'épidémie COVID-19. Paris. Consulté le mai 14, 2021, sur https://www.ecologie.gouv.fr/mesures-prises-france-dans-domaine-securite-aerienne-faire-face-aux-consequences-lepidemie-covid-19#scroll-nav__1

[144] DGAC. (2020). Dérogation DSAC/PN 20-151 . Aéronautique, Paris. Consulté le mai 14, 2021, sur https://www.ecologie.gouv.fr/sites/default/files/DSAC_PN_Dir_20_151_Derogation_extensions_validites_medicales.pdf

supplémentaires pour renouveler cette dernière, sans que celle-ci ne soit périmée, ou qu'il n'ait besoin de sessions d'entraînements complémentaires.

- Un instructeur bénéficie d'un prolongement de huit mois avant d'avoir à proroger sa licence, sans toutefois dépasser la même date.[145]

- Navigabilité des Aéronefs :

  - Le Certificat d'Examen de Navigabilité « CEN » d'un aéronef immatriculé en France, pour lequel la validité actuelle expire avant le 31 juillet 2020, et pour lequel la réalisation d'un examen de navigabilité n'est pas possible compte tenu de la situation sanitaire, peut bénéficier d'une extension de six mois sur la durée de validité de son CEN.[146]

- Opérations aériennes :

  - Il est désormais possible de réaliser des vols commerciaux, uniquement avec du fret en soute et en cabine, à bord d'avion de transport de passagers, sans membres d'équipage de cabine.
  - Dorénavant, quand il n'est pas possible de faire une escale de repos dans un hôtel, il est possible d'opérer un vol long-courrier, tant que le vol retour est opéré par un autre

---

145 DGAC. (2020). Dérogation 20-152 du 1er décembre 2020 . Aéronautique, Paris. Consulté le mai 14, 2021, sur https://www.ecologie.gouv.fr/sites/default/files/DSAC_PN_Dir_20_152_Derogation_extension_qualifications_PN.pdf

146 DGAC. (2020). Bulletin d'Information (BI 2020/03). Aéronautique, Paris. Consulté le mai 14, 2021, sur https://documentation.osac.aero/view/289314

équipage, et que l'équipage qui a opéré le secteur aller se repose en cabine au retour. Néanmoins, des jours de repos complémentaires sont donnés à ces équipages pour compenser du repos perdu.

- Navigation aérienne :
  - Les contrôleurs aériens bénéficient de la prorogation des mentions d'unité, linguistique, d'instructeur et d'examinateur jusqu'au 15 novembre 2020.[147]
- Aérodromes :
  - Pour les agréments de pompier d'aérodrome et de chef de manœuvre, valides à la date du 16 mars 2020, les conditions de maintien de validité de ces agréments ne sont plus requises jusqu'au 15 novembre 2020.[148]

Ces exemples, bien que très concis, sont un échantillon des mesures qui ont pu être mises en place pour assister l'aviation civile durant cette crise. Les dispositions ci-dessus, sont à quelques variables près, les mêmes, par analogie, qui s'appliquent au niveau mondial.

---

[147] DGAC. (2020). Décision DSAC/DPTN n°044 du 30 mars 2020. Aéronautique, Paris. Consulté le mai 14, 2021, sur https://www.ecologie.gouv.fr/sites/default/files/dsac_pn_dir_044_derogation_aircrew_pros.pdf

[148] Ministère-de-la-transition-écologique. (2020). Journal officiel électronique authentifié n° 0082. Paris. Consulté le mai 14, 2021, sur https://www.legifrance.gouv.fr/download/pdf?id=6iKNpVbDbFOOniCqLXOQEjg8dfuYLobMvhwak3XtkyQ=

CHAPITRE 4

Les entreprises ne cèdent pas

« Plus faibles sont les risques, meilleure est l'entreprise »

— Sophocle

Les multinationales du secteur de l'aérien, se sont vite rendu compte du changement de paradigme qui était en train de s'effectuer devant elles.

Bien que beaucoup d'entreprises fussent guidées, par cet élan de croissance annoncée en 2019, vers des dépenses faramineuses, dans le renouvellement de leurs flottes, l'expansion de leurs réseaux ou l'acquisition d'autres compagnies, qui les ont engagé pour plusieurs années, ces dernières ont tout de même réussi à prendre la note des risques imminents, et à réévaluer leurs stratégies à court et à long terme.

Les aides financières des États n'ont pas profité à tous, autant dire que les compagnies aériennes par exemple, n'étaient pas toutes logées à la même enseigne vis-à-vis de leurs gouvernements. Indiscutablement, les soutiens se sont d'abord dirigés vers les géants historiques, les porte-drapeaux, ceux qui font partie intégrante de l'histoire et de la culture du pays.

Cependant, même les milliards d'euros de prêts accordés, et les avantages sociaux et fiscaux ne suffisent pas à ces compagnies aériennes pour repasser au vert. Elles ont dû chercher d'autres solutions pour éviter leur disparition.

Ces solutions s'articulent au moins de ces cinq manières ci-dessous :

- Annulation des commandes d'avions ;
- Mise en chômage partiel des salariés ;
- L'arrêt provisoire du versement des dividendes ;
- Vente des avions de la flotte ;
- Non-remboursement des billets de vols annulés

13. Dispositions économiques et sociales

Pas une entreprise du secteur aérien n'a été épargnée par cette crise de la Covid-19. Toutes, ont dû se réformer en profondeur, pour pouvoir survivre à cette violente tempête.

Le constructeur européen Airbus annonce une réduction d'approximativement 15,000 postes dans les secteurs d'activité de l'entreprise. Il a été convenu que les réductions soient faites de la manière suivante :

- 5000 postes en France
- 5100 postes en Allemagne
- 900 postes en Espagne
- 1700 postes au Royaume-Uni
- 1300 postes Reste du monde

Le PDG d'Airbus Guillaume Faury, déclare à propos de ces licenciements en masse au sein de l'avionneur européen : « Les mesures prises jusqu'à présent par la société nous ont permis d'absorber le choc initial de cette pandémie. Nous devons maintenant assurer la durabilité de l'entreprise et garantir notre capacité à émerger de la crise en leader global du secteur aérospatial, tout en nous adaptant aux défis immenses que rencontrent nos clients. Pour affronter cette réalité, nous devons à présent prendre des mesures de plus grande ampleur. Notre équipe de direction et notre conseil d'administration sont déterminés à limiter l'impact social de cette adaptation. Nous remercions nos partenaires gouvernementaux qui nous aident à préserver autant que possible notre expertise et notre savoir-faire, et qui ont joué un rôle important pour limiter l'impact social de cette crise dans notre industrie. Ce sont les compétences et les aptitudes des équipes Airbus qui nous permettront d'être les pionniers d'une industrie aéronautique et spatiale durable ».[149]

L'avionneur américain a, quant à lui, annoncé la suppression de 20% de sa masse salariale à la fin de l'année 2021, réduisant ainsi le nombre d'employés à travers le monde à 130,000 seulement.[150]

Pour la première fois de leur histoire, Airbus et Boeing décident d'adapter leurs lignes de production en réduisant de 33% la cadence de production.[151]

Les compagnies aériennes ont mis les constructeurs aéronautiques dans une situation plus difficile encore qu'elle ne l'est déjà, en

---

[149] Airbus. (2020). Airbus prévoit de nouvelles mesures d'adaptation à la situation COVID-19. Communiqué de presse, Toulouse. Consulté le mai 15, 2021, sur https://www.airbus.com/content/dam/corporate-topics/publications/press-release/2020/06/FR-COVID-19-Adaptation-Plan.pdf

[150] Boeing. (s.d.). Boeing in Brief. Récupéré sur boeing.com: https://www.boeing.com/company/general-info/

[151] Coronavirus : Airbus va réduire d'un tiers sa cadence de production d'avions. (2020, avril 08). Récupéré sur lefigaro.fr: https://www.lefigaro.fr/societes/coronavirus-airbus-va-reduire-d-un-tiers-sa-cadence-de-production-d-avions-20200408

leur demandant, dans le meilleur des cas, de repousser les livraisons des avions commandés jusqu'à nouvel ordre, voire d'annuler ces commandes, à cause de la crise actuelle, sans pour autant payer les pénalités liées à ses annulations, comme stipulées dans les contrats d'achat. Airbus préfère aider ses clients les plus fragiles, en validant leurs requêtes, dans l'objectif de leur vendre encore plus d'avions, une fois la crise passée.[152]

La compagnie Norwegian annule 85 % de ses vols, et la totalité de ceux à destination de l'Amérique du Nord. Elle licencie temporairement 7300 employés, soit plus de 90 % du personnel, et décide de recentrer son activité restante sur le réseau moyen-courrier. Le 20 avril 2020, Norwegian déclare la faillite de quatre filiales, en Suède et au Danemark, et le licenciement de 1571 pilotes et 3134 hôtesses de l'air et stewards, dans ces deux pays, ainsi qu'aux Etats-Unis, en Finlande, en Espagne, et au Royaume-Uni. La compagnie ne paie d'ailleurs plus ses salariés, qui sont en chômage partiel depuis plusieurs mois, et il est pour eux impossible de joindre la direction.[153]

Bien entendu, le troisième low-cost Européen, annule une commande de 97 avions de type Boeing 737 et 787. Encore un coup dur pour le constructeur américain qui voit son carnet de commandes se vider de jour en jour.[154]

---

[152] Airbus confronté à des annulations de commandes massives. (2020, août 7). Retrieved from capital.fr: https://www.capital.fr/entreprises-marches/a-suivre-aujourdhui-airbus-1377407

[153] Norwegian Airlines : les salariés français ne sont plus payés depuis deux mois. (2021, mai 5). Récupéré sur francetvinfo.fr: https://www.francetvinfo.fr/sante/maladie/coronavirus/norwegian-airlines-les-salaries-ne-sont-plus-payes-depuis-deux-mois_4612463.html

[154] La compagnie Norwegian annule une commande de près d'une centaine d'avions Boeing. (2020, juin 30). Récupéré sur lemonde.fr: https://www.lemonde.fr/

Air France-KLM a supprimé 12.580 postes au total, dont 7580 postes chez Air France soit 16% de ses effectifs et 42% des effectifs de son low-cost Hop ! La compagnie nationale française cherche aujourd'hui des solutions avec les syndicats afin de définitivement baisser les salaires des employés, ce qui semble être la seule issue afin de garantir sa survie. Les salaires des pilotes ont déjà diminué de 25% à 40%, permettant ainsi à Air France de faire 300 m€ d'économie par an. Les salariés de la compagnie touchent déjà 84% de leur salaire net grâce au chômage partiel mise en place par l'État français, qui leur assure également le 13ème mois déjà intégré dans le salaire de base.[155]

Lufthansa annonce la suppression d'au moins 29.000 postes soit près de 22% de sa masse salariale totale, ainsi que la baisse des salaires de ses pilotes de 45% pendant deux ans. La compagnie allemande a également décidé la réduction de la taille de sa flotte, de 150 appareils, soit 20% en moins, pour amener celle-ci à 763 avions.[156]

British Airways, la compagnie historique anglaise, du groupe IAG, a très tôt supprimé 12,000 postes, et baissé le salaire des PNC et des PNT, respectivement de 15% et 20%, pendant deux ans, sans toutefois

---

ehttps://www.lemonde.fr/economie/article/2020/06/30/la-compagnie-norwegian-annule-une-commande-de-pres-d-une-centaine-d-avions-boeing_6044634_3234.html#:~:text=Avenir%20durable-,La%20compagnie%20Norwegian%20annule%20une%20commande%2

[155] Les salaires ont baissé pour les pilotes d'Air France. (2020, août 4). Récupéré sur capital.fr: https://www.capital.fr/entreprises-marches/les-salaires-ont-baisse-pour-les-pilotes-dair-france-1377092

[156] Steiwer, N. (2020, décembre 7). Lufthansa s'accorde avec les syndicats sur la suppression de 29.000 postes. Récupéré sur lesechos.fr: https://www.lesechos.fr/industrie-services/tourisme-transport/lufthansa-saccorde-avec-les-syndicats-sur-la-suppression-de-29000-postes-1271738

solliciter de soutien de fonds public proposé par le gouvernement de Boris Johnson. BA a tout de même procédé à une augmentation de capital de 2,75 M$. La British a aussi décidé la sortie de sa flotte de 55 avions sur un total de 570.[157]

Ces trois compagnies aériennes, comme beaucoup d'autres, ont décidé de la sortie des gros et très gros porteurs de leurs flottes, comme l'Airbus A340, le Boeing 747 et enfin l'Airbus A380. En effet, il semblerait que l'avenir ne soit pas aux côtés des quadriréacteurs, considérés peu rentables, très gourmands en kérosène, plus encombrants, difficiles à remplir et plus polluants. D'ailleurs à propos de consommation de carburant, une comparaison entre la consommation d'un A380 et d'une voiture sera faite dans la dernière partie de cette étude. Le futur est plutôt du côté des biréacteurs modernes, plus légers, moins gourmands en kérosène, avec une capacité approximativement égale en termes de nombre de passagers à bord. Il est préférable pour les compagnies aériennes de faire voler deux Airbus A330 presque pleins, plutôt qu'un A380 à moitié vide, c'est nettement plus rentable.[158]

Pour ce qui est des low-cost, les mesures économiques et sociales que ces compagnies ont pris ne sont pas bien différentes.

---

[157] Lamnaouer, L. (2020, août 24). Crise du Covid : British Airways, «honte nationale» au Royaume-Uni. Récupéré sur leparisien.fr: https://www.leparisien.fr/economie/emploi/crise-du-covid-british-airways-honte-nationale-au-royaume-uni-24-08-2020-8372196.php#:~:text=La%20compagnie%20a%C3%A9rienne%20britannique%20est%20sous%20les%20feux%20des%20critiques,tiers%20de%20son%20effectif%20t

[158] Vigoureux, T. (2020, Mai 21). Pourquoi Air France accélère le retrait des Airbus A380. Retrieved from lepoint.fr: https://www.lepoint.fr/economie/pourquoi-air-france-accelere-le-retrait-des-airbus-a380--21-05-2020-2376434_28.php

EasyJet opte pour le licenciement de 4500 salariés soit plus de 30% de ses effectifs. Pour beaucoup d'autres, ils ont été mis en chômage partiel, et parfois habilement poussés à la porte. Le low-cost Anglais a fermé trois de ses bases en Angleterre et a décidé, lui aussi, la réduction de sa flotte.[159]

Ryanair air annoncé un plan de licenciements de 3000 personnels navigants. Le salaire des PNT a déjà été diminué de 20% et celui des PNC de 10% et ce pendant 5 ans. Le plus grand des low-cost a par ailleurs procédé à la fermeture de trois de ses bases.[160]

Enfin, c'est au tour du low-cost Hongroise Wizzair de préparer le licenciement de 1000 de ses salariés, soit 19% de ses effectifs, ainsi que la baisse de salaire de 14% des 81% restants. En revanche, Wizzair continue son expansion en annonçant l'ouverture d'une dizaine de nouvelles bases en Europe.[161]

Autour des compagnies aériennes, qui sont le cœur de l'aviation commerciale, gravitent des milliers d'entreprises qui travaillent dans les domaines annexes utiles au développement de toute l'industrie aéronautique. Bien évidemment, ces sociétés n'ont pas été épargnées

---

[159] France24. (2020, mai 28). Covid-19 : EasyJet licencie un tiers de son personnel. Récupéré sur https://www.france24.com/fr/20200528-covid-19-easyjet-annonce-le-licenciement-d-un-tiers-de-son-personnel

[160] franceinfo. (2020, septembre 11). Ryanair : les pilotes sous contrat français acceptent une baisse de salaire de 20% pour éviter les licenciements. Récupéré sur https://www.francetvinfo.fr/sante/maladie/coronavirus/ryanair-les-pilotes-sous-contrat-francais-acceptent-une-baisse-de-salaire-de-20-pour-eviter-les-licenciements_4102955.html

[161] Wizzair . (2020, avril 14). Récupéré sur journal-aviation.com: https://www.journal-aviation.com/actualites/44160-aerien-la-compagnie-hongroise-wizz-air-supprime-1-000-postes

par la crise du coronavirus, mais elles n'ont pas nécessairement bénéficié de la même générosité des États. C'est le cas par exemple du groupe français Akka Technologies, un sous-traitant d'Airbus, qui a annoncé la suppression de 900 emplois, soit près de 10% de ses effectifs.[162]

Selon une enquête des organisations professionnelles des Entreprises du Voyage « EdV » et d'un rapport du Syndicat des Entreprises du Tour-Operating « SETO », c'est 60% des entreprises du tourisme qui envisagent de procéder à des licenciements, dont une bonne partie qui assurent vouloir licencier plus de 40% de leurs employés. Autant dire que le marché du tourisme en France, et ailleurs, est en faillite totale depuis le début de l'année 2020.[163]

Les mesures économiques et sociales prises par les entreprises liées au secteur de l'aérien, afin d'assurer leur survie, sont tout à fait compréhensibles, compte tenu de la baisse des activités des suites de la pandémie de la Covid-19.

Rares sont les salariés d'une entreprise, qui ne voudraient pas venir en aide au constructeur d'avions, ou à la compagnie aérienne, pour lesquels ils travaillent, dont leurs économies, leurs conforts et leur bien-être, dépendent. Il est même étonnant de savoir que même les clients

---

162 Economie : un sous-traitant d'Airbus prévoit de supprimer 900 emplois. (2020, décembre 29). Récupéré sur francetvinfo.fr: francetvinfo.fr/economie/aeronautique/economie-un-sous-traitant-dairbus-prevoit-de-supprimer-900-emplois_4237481.html

163 Palierse, C. (2020, octobre 29). Covid-19 : une gigantesque vague de licenciements menace le monde du voyage. Récupéré sur lesechos.fr: https://www.lesechos.fr/industrie-services/tourisme-transport/covid-19-une-gigantesque-vague-de-licenciements-menace-le-monde-du-voyage-1260403#:~:text=Tourisme%20%2D%20Transport-,Covid%2D19%20%3A%20une%20gigantesque%20vague%20de%20licenciements%20menace%

des opérateurs aériens par exemple, n'ont aucun souci à contribuer à la survie de ces entreprises, en faisant un geste supplémentaire durant leurs vols, comme accepter un service à bord de moindre qualité, ou ranger les draps utilisés eux-mêmes, etc.

14. Des mesures autoritaires

Depuis le début de la crise sanitaire de la Covid-19, de nouvelles procédures sont appliquées par les autorités aéroportuaires et les compagnies aériennes, qui ont imposé un nombre de mesures, parfois très contraignantes, à leurs clients, pour les protéger des contaminations.

Ces mesures sont les bienvenues, tant qu'une certaine éthique est respectée dans leurs applications, et qu'elles sont logiques et morales. Malheureusement, très souvent durant cette pandémie, des employés du secteur de l'aérien, comme des agents aéroportuaires ou des hôtesses de l'air, se sont laissé emporter, peut-être par peur du coronavirus, voire par excès de zèle, vers des comportements illégaux, à mille lieues de la réglementation et des procédures qu'ils doivent appliquer. Avant de se pencher sur ces tristes cas, il est important de faire quelques rappels historiques pour comprendre l'origine de cet autoritarisme dans le monde de l'aviation commerciale, et sur quelle base il s'appuie.

À partir des attentats du 11 septembre 2001, les aéroports sont devenus de véritables laboratoires de destitution des libertés, d'outrage à l'intelligence humaine et parfois même de dénigrement de la dignité des voyageurs.

Pierre Jeanniot, ancien directeur général de l'IATA entre 1993 et 2020, PDG d'Air-Canada entre 1984 et 1990, qu'il a lui-même privatisé et qui fut l'un des inventeurs de la boite noire, disait en 2011, à propos des aéroports : « Actuellement, on traite chaque passager comme s'il était un terroriste potentiel ».[164] Il faut passer par plusieurs filtres de contrôle et de sécurité dans tous les aéroports du monde, avec plus ou moins de fermeté selon le pays et l'importance de la ville, avant d'arriver à son avion, mais tous restent très similaires en matière de procédures, car ces directives sécuritaires proviennent de la même source, elles sont en grande partie imposées par les autorités aériennes mondiales.

L'aviation civile est en règle générale réactive plutôt que préventive, comme mentionné durant plus haut dans cette étude, il faut donc toujours s'attendre à de nouvelles procédures imposées par les autorités aériennes, plus restrictives encore que les précédentes, et qui limitent, de fait, les libertés individuelles, à chaque incident ou accident aérien, après une attaque terroriste, réussie ou déjouée, sur l'industrie aéronautique ou pas, et à la suite de n'importe quel évènement majeur, qui fait suffisamment parler de lui dans les médias.

En 2006, un attentat, qui allait être perpétré par un terroriste islamiste, a été déjoué grâce au service de renseignements britannique MI5, qui surveillait l'individu. Apparemment, le terroriste avait percé une canette de boisson gazeuse, pour pouvoir la remplir d'une bombe liquide, sans que celle-ci ne soit ouverte. Cet acte de terreur, qu'il n'a, fort heureusement jamais réalisé, a poussé les autorités à prendre une décision temporaire inédite : interdire les liquides, dans les récipients de plus de 100 millilitres, dans les bagages à main des passagers.[165]

---

164 Desrosiers, É. (2011, Septembre 7). 11 septembre 2001, dix ans plus tard - L'aviation civile a absorbé le choc... et bien d'autres encore. Consulté le Janvier 11, 2021, sur ledevoir.com: https://www.ledevoir.com/economie/330824/11-septembre-2001-dix-ans-plus-tard-l-aviation-civile-a-absorbe-le-choc-et-bien-d-autres-encore

165 SimonCalder. (2016, août 9). It's the 10th anniversary of the lisquids ban on flights - but is it still necessary ? Récupéré sur independent.co.uk: https://www.

Il est évidemment que les simples citoyens n'ont pas accès aux informations dont disposent les services de renseignements militaires et policiers, et en conséquence, ils peuvent parfois être amenés à critiquer ces mesures, sans en connaître toutes les dimensions. Néanmoins, dans ce cas précis, il est possible de se poser des questions très logiques. Le but n'est pas de donner des idées à des terroristes de commettre des attentats, mais juste de réfléchir sur l'efficacité de ce genre de mesures, qui continuent d'être appliquées aujourd'hui, et qui ne cessent de se multiplier avec la pandémie actuelle.

Tout d'abord, il s'agit là d'une règle préventive et exceptionnelle, ce qui est rarement le cas dans le monde de l'aéronautique, afin de limiter les risques au maximum. Alors soit, pourquoi pas, mais cette mesure n'a aucun sens, car s'il est interdit d'emporter un liquide de plus de 100 ml, il n'est en revanche pas interdit, d'avoir dans son bagage à main, plusieurs bouteilles de 100 ml ou moins. C'est-à-dire que si un terroriste avait besoin de 200 ml d'un produit, pour fabriquer une bombe à bord d'un avion, il pourrait tout à fait prendre deux bouteilles de 100 ml chacune, et acheter une grande bouteille dans la zone de duty-free de l'aéroport et faire son mélange, ou encore quatre bouteilles de 50 ml chacune, les possibilités mathématiques sont infinies.

On demande à des agents aéroportuaires, pas nécessairement bien formés, d'appliquer cette procédure sans concessions, alors ils agissent, mais sans comprendre pourquoi, et surtout sans s'interroger sur les limites logiques de cette règle. Ainsi, on leur demande de ne pas faire la différence entre les passagers et les membres d'équipage, dans l'interdiction de liquide de plus de 100 ml. Un pilote de ligne d'Airbus A380,

---

independent.co.uk/travel/news-and-advice/liquids-ban-flights-10th-anniversary-do-we-still-need-it-a7181216.html qui arrive par exemple aux PIF de l'aéroport de Londres, en Angleterre, n'a pas le droit de prendre sa bouteille d'eau de 330 ml qu'il a pris à l'hôtel. Pour des raisons dites de sécurité, il devra la jeter dans une poubelle prévue à cet effet. Le pilote est donc considéré comme un terroriste potentiel et en veille, jusqu'à ce qu'il subisse les contrôles de sécurité et passe tous les filtres aéroportuaires, voire un peu après. On oublie juste qu'une fois dans l'avion, cet aviateur professionnel est aux commandes d'un appareil de 575 tonnes, avec jusqu'à 853 passagers, et des réservoirs pleins, à hauteur de 320.000 litres de carburant. La question intelligente qui se pose, à partir de ce constat, est la suivante : quelle est la portée nuisible d'un liquide, d'un peu plus de 100 ml, comparée à cet avion s'il percutait le sol à grande vitesse ? Il est évident qu'il brûlerait une partie de la ville, et serait tout aussi meurtrier qu'un missile balistique intercontinental.

À travers cet exemple, on peut se rendre compte, que l'intérêt d'une telle mesure n'est pas nécessairement sécuritaire, mais peut-être plus commercial et financier, pour soutenir les lobbys aéroportuaires qui profitent de cette réglementation et aussi pour faire des économies et ne pas acheter des détecteurs modernes qui permettent d'identifier les différents liquides. C'est en tout cas ce que pense Brian Simpson, président de la commission parlementaire des transports, qui accuse les aéroports de se servir de l'argument sécuritaire comme d'un paravent, et déclare à ce propos : « *Tout cela est une question de coût et non de sécurité* ».[166]

---

[166] UE. (2011). Avion : les liquides toujours interdits dans les bagages à main., (p. 1). Bruxelles. Consulté le mai 17, 2021, sur https://www.europarl.europa.eu/news/fr/headlines/economy/20110513STO19337/avion-les-liquides-toujours-interdits-dans-les-bagages-a-main

D'autres mesures sont prises de manière réactive, quelques jours et semaines après un accident, afin que celui-ci ne se reproduise plus, mais qui sont parfois très critiquables. Le 24 mars 2015, un copilote de la compagnie aérienne Germanwings, Andreas Lubitz, a précipité l'avion de type Airbus A320 qu'il pilotait, reliant Barcelone en Espagne à Düsseldorf en Allemagne, contre une montagne dans les Alpes du Sud françaises. Le copilote avait été diagnostiqué inapte au travail à cause de ses tendances suicidaires, mais il n'avait pas averti son employeur et pour garder le secret médical, le médecin n'a pas non plus averti la compagnie aérienne.

Les faits se sont déroulés en croisière, alors que le CDB se trouvait hors du poste de pilotage, parce qu'il était sorti quelques secondes plus tôt, certainement pour se rendre aux toilettes qui se trouvent en cabine. Pendant le vol, Andreas a verrouillé le cockpit, empêchant l'entrée du capitaine, qu'on entend essayer d'enfoncer la porte, dans les enregistrements audio du cockpit - Cockpit Voice Recorder « CVR ».

En effet, depuis les attentats du WTC, les portes des cabines de pilotage sont impossibles à ouvrir, elles ont été renforcées et blindées. Il y a deux façons qui permettent d'accéder au cockpit de l'extérieur, pendant le vol :

- En opération normale, un membre d'équipage compose un code sur le pavé numérique, se trouvant à l'extérieur du cockpit, qui enclenche un système sonore et attire l'attention des pilotes. Un système de vidéosurveillance démarre à ce moment, permettant aux PNT de voir la personne qui demande l'accès. Sur la table des instruments entre les deux pilotes « Pedestal », un interrupteur à trois positions Unlock – Norm – Lock, permet aux commandants d'ouvrir en sélectionnant Unlock ou de laisser fermer.

- En opération d'urgence, un code secret est composé sur le pavé numérique. Il active l'alarme et la vidéosurveillance à l'intérieur du poste. Le signal sonore retentit pendant quinze secondes, avant que la porte ne se déverrouille automatiquement pendant cinq secondes seulement, si aucune action n'est prise par les pilotes. Mais si les PNT décident de sélectionner Lock sur l'interrupteur, alors la porte reste bien verrouillée.

Ces procédures, bien qu'elles puissent paraître très secrètes, sont décrites, dans les moindres détails, dans le Flight Crew Operating Manual « FCOM » ou le Flight Crew Training Manual « FCTM », disponibles gratuitement sur la toile. Aussi, les vidéos qui expliquent ces procédures, et bien d'autres, sont visibles sur les plateformes de vidéos très connues. Nous n'aurions jamais révélé le détail de ces manœuvres, ainsi que d'autres, si elles n'avaient pas été accessibles sur Internet, en quelques clics seulement.

Une fois isolé dans le cockpit, Lubitz mit le A320 en descente progressive, toujours assisté du pilote automatique, Jusqu'à ce que l'avion percute la montagne à haute vitesse. L'avion s'est écrasé dix minutes après la sortie du CDB du cockpit, tuant les 144 passagers et les six membres d'équipage. Ce fut l'un des accidents aériens, les plus meurtriers en France, requalifié de crime de masse par plusieurs experts.[167]

---

[167] A320 de Germanwings : le BEA confirme un crash volontaire. (2016, mars 13). Récupéré sur lesechos.fr: https://www.lesechos.fr/2016/03/a320-de-germanwings-le-bea-confirme-un-crash-volontaire-204769

La réaction des autorités aériennes ne s'est pas fait attendre. Tout juste quelques semaines après le crime, l'AESA a émis plusieurs directives :[168]

1. Le principe selon lequel deux personnes doivent se trouver, en permanence, dans le poste de pilotage devrait être maintenu.
2. Les pilotes devraient faire l'objet d'une évaluation psychologique avant d'être engagés par une compagnie aérienne.
3. Les compagnies aériennes devraient mener un programme de lutte contre la drogue ou l'alcool qui s'appuie sur des contrôles aléatoires.
4. Un programme strict pour le contrôle des examinateurs aéromédicaux devrait être élaboré.
5. Un référentiel européen de données aéromédicales devrait être créé.
6. Des systèmes de soutien aux pilotes devraient être mis en place au sein des compagnies aériennes.

Toutes ces directives sont très intéressantes, néanmoins la recommandation numéro 1 est problématique, pour plusieurs raisons. Tout d'abord, avoir toujours deux personnes dans le cockpit, signifie soit que les pilotes n'aillent plus aux toilettes durant les vols, ce qui est évidemment impossible, soit qu'un PNC soit présent dans le cockpit, pour qu'un pilote puisse en sortir. C'est en effet ce qui a été appliqué immédiatement par la quasi-totalité des compagnies aériennes au monde.

---

[168] EASA. (2015). Action plan for the implementation of the Germanwings Task Force recommendations. Aéronautique, Bruxelles. Consulté le mai 17, 2021, sur https://www.easa.europa.eu/download/various/GW_actionplan_final.pdf

Durant un vol normal, avec deux pilotes et plusieurs hôtesses et stewards, quand un PNT veut sortir, il appelle un PNC qui vient dans le cockpit et s'assoit sur un siège arrière. Le pilote sort ensuite du cockpit. Plus tard, l'aviateur revient, entre dans le cockpit et finalement le PNC ressort.

Cette mesure a donc fait en sorte que la porte du cockpit s'ouvre, non plus une seule fois pour la sortie du pilote, et une fois pour son retour, donc deux fois au total, mais quatre ouvertures et fermetures, donc deux fois plus. Si l'action de l'ouverture fermeture, pour l'entrée et la sortie d'un membre d'équipage, dure cinq secondes, la porte s'ouvre alors pendant 20 secondes à chaque fois qu'un pilote doit aller uriner. C'est donc 100% de mise en danger supplémentaire. Mais ceci n'est qu'une facette de l'ineptie de cette procédure.

Les PNC ne sont pas des pilotes formés et qualifiés, sur le type d'avion sur lequel ils opèrent. Si un pilote est seul avec un steward dans le cockpit, et qu'il a une tendance suicidaire, le PNC comprendra-t-il que ce pilote vient de couper les IR et les ADR de l'avion, qui permettent la navigation, donnent les informations d'altitudes, de vitesses, et maintiennent les protections actives, etc. ? Le PNC est-il formé pour rallumer les réacteurs si le pilote décide de les couper, comprendra-t-il ce qui se passe ? Bien entendu que non.

Alors effectivement, il ne comprend pas comment l'avion vole, mais il peut ouvrir la porte du cockpit pour faire entrer l'autre pilote. Nous arrêtons là la critique de cette mesure, car nous atteignons un point, où peuvent être évoquées des informations confidentielles, qui pourraient potentiellement compromettre la sécurité d'un vol. Ces données sont donc seulement évoquées devant les autorités compétentes.

À ce propos, la compagnie Lufthansa, organisation mère de Germanwings, ainsi que d'autres compagnies aériennes, ont abandonné cette règle, en critiquant l'inefficacité et la dangerosité de ses effets.

Ces deux mesures, préventives et réactives, présentées dans cet exposé, n'ont pas été correctement réfléchies. Il est assez simple pour un professionnel du secteur de l'aviation civile d'argumenter contre. Mais le constat le plus intéressant est que l'aviation commerciale est en permanence victime de sa surmédiatisation, de ses trillions de dollars d'investissements, et finalement de son succès mondial.

Ainsi, durant la crise de la Covid-19, plusieurs mesures ont été mises en place par les aéroports et les compagnies aériennes.

Les tests PCR de moins de 72h avant les vols ont été généralisés. Les prises de températures sont maintenant banales. Les voyageurs doivent faire une déclaration sur l'honneur attestant qu'ils ne présentent pas de symptômes d'infection à la Covid-19. Il faut également qu'ils présentent une attestation de déplacement dérogatoire mentionnant un motif impérieux.[169]

La question des vols appliquant la distanciation sociale, au sein des cabines, a beaucoup été abordée, mais très peu de compagnies ont appliqué cette mesure restrictive, qui induirait de voler avec des passagers en moins, et qui donc diviserait, au moins par deux, les bénéfices, durant cette période ou s'accumulent les pertes. L'autre solution serait d'augmenter le prix du billet pour compenser la perte de passagers,

---

[169] ADP. (2021, mai 4). Covid-19 : Informations aux voyageur. Récupéré sur parisaeroport.fr: https://www.parisaeroport.fr/passagers/les-vols/covid-19-informations-voyageurs

mais quel passager voudrait payer plus ? L'IATA, déclare à ce propos dans un communiqué datant du 19 mai 2020 :

> « *La distanciation sociale à bord (qui suppose de laisser le siège central inoccupé) est rendue inutile par le port du couvre-visage pour toutes les personnes à bord, en plus des caractéristiques de la cabine qui s'opposent à la transmission (tout le monde regarde vers l'avant, la circulation d'air se fait du plafond vers le plancher, les sièges constituent une barrière à la transmission vers l'avant et l'arrière, et les systèmes de filtration d'air fonctionnent selon des normes qui correspondent à celles des salles d'opération des hôpitaux)* ».[170]

Il est évidemment obligatoire de porter un masque dans l'enceinte de l'aéroport et dans l'avion durant tout le vol. Des compagnies aériennes, font de la désinfection de leurs avions, du port du masque et d'une visière de protection qu'ils prêtent aux passagers à leur embarquement, un argument marketing pour attirer les clients.

Qatar Airways, à titre d'exemple, s'affiche en première ligne de la guerre contre le virus. La compagnie aurait remporté deux titres :[171]

- 5-étoiles dans le cadre du classement « Sécurité aérienne Covid-19 » par l'organisme de notation Skytrax.

---

170 IATA. (2020). L'IATA expose son approche à plusieurs niveaux en vue du redémarrage de l'industrie. Aéronautique, Genève. Consulté le mai 18, 2021, sur https://www.iata.org/contentassets/4cb32e19ff544df590f3b70179551013/2020-05-19-01-fr.pdf

171 Qatar-Airways. (s.d.). Votre sécurité est notre priorité. Récupéré sur https://www.qatarairways.com/fr-fr/safety-measures.html

- Obtention de la norme de « Diamond », dans le cadre de la sécurité sanitaire de l'Airline Passenger Experience Association « APEX ».

Voici la communication marketing de cette compagnie du golfe persique, qui donne une bonne idée sur les mesures prises dans tout le secteur aérien,

- Port du masque : tous les voyageurs sont désormais tenus de porter un masque à l'aéroport HIA. Seules les personnes en possession d'un billet valide seront autorisées à entrer dans l'aéroport.
- Équipement de protection individuelle : tout notre équipage portera désormais une combinaison de protection individuelle en plus d'un masque, de lunettes protectrices et de gants.
- Kits de protection : des kits de protection contenant un masque, des gants et du gel hydroalcoolique, seront distribués à tous les passagers à bord. Vous devez porter votre masque tout au long du vol, jusqu'à votre débarquement à destination.
- Désinfectant pour les mains : nous invitons tous les passagers à se laver les mains régulièrement durant leur voyage. Des gels hydroalcooliques pour les mains sont mis à votre disposition dans le galley pour un usage tout au long de votre vol.
- Matériel de service : tout notre matériel de service est lavé avec des détergents et rincé avec de l'eau douce déminéralisée à des températures qui éliminent les bactéries pathogènes.
- Écouteurs : tous nos écouteurs sont désinfectés, reconditionnées et emballés hygiéniquement après chaque vol.

- Nettoyage à bord : tous nos appareils sont désinfectés après chaque vol à l'aide de produits de nettoyage recommandés par l'IATA et l'OMS
- Systèmes de filtration d'air HEPA : Nos appareils sont équipés des systèmes de filtration d'air les plus avancés, qui assurent la protection la plus efficace contre l'infection. Les filtres HEPA de capacité industrielle éliminent 99,97% des contaminants viraux et bactériels de l'air recyclé.
- Journaux et magazines : Tandis que nos écrans sont désinfectés pour votre usage personnel.

Récemment, cette compagnie aérienne a fait l'acquisition de la version 2.0, du système de désinfection de cabine aux ultraviolets d'Honeywell, qui permet de désinfecter la cabine, grâce à des ailes à UV étendues, pour traiter les zones les plus étroites en passant entre les sièges, et le cockpit.[172]

Même si l'efficacité de ces mesures reste très discutée, il est néanmoins certain qu'une communication dans ce sens, rassure les passagers les plus effrayés par une éventuelle infection du coronavirus, et n'est donc pas forcément mauvaise.

Certains excès ont tout de même été observés, qui ne présagent rien de bon sur l'application de telles règles. En avril 2021, une famille a été expulsée d'un avion du low-cost Américain Spirit Airlines, parce que la petite fille de deux ans, mangeait un yaourt sans masque. La maman, alors enceinte de 7 mois, ainsi que le papa, essayaient, tant bien que

[172] Qatar Airways Becomes the First Global Carrier To Operate Honeywell's Ultraviolet Cabin Cleaning Technology. (2020, séptembre 28). Récupéré sur https://www.qatarairways.com/en/press-releases/2020/september/qatar-airways-becomes-the-first-global-carrier-to-operate-honeyw.html

mal, d'expliquer à l'hôtesse de l'air que leur fille est atteinte d'un certain handicap, qu'elle a des besoins spéciaux, et qu'elle ne pouvait pas porter un masque, surtout qu'elle mangeait. Rien n'y fait, l'avion a été totalement vidé. Presque une heure après, l'hôtesse de l'air a été virée du vol, et la famille a pu prendre l'avion et voyager.[173]

Ce genre de comportement reste très rare, mais il est en augmentation avec la pression médiatique qui s'intensifie autour des questions de la covid-19. Un nouveau normal dans l'aviation commerciale est en train de naître, celui du management aérien en fonction de la dynamique d'un virus, et de la gestion et du filtrage des voyageurs, sur des critères de santé.

[173] Flight attendant demands that family GET OFF plane because their toddler isn't wearing a mask. (2021, avril 5). Récupéré sur rt.com : https://www.rt.com/usa/520180-spirit-airlines-family-removed-masks/

CHAPITRE 5

La décennie 2020 – changement de paradgime

« Nous entrons dans l'avenir à reculons »

- Paul Valery[174]

D'aucuns n'oseraient encore imaginer l'avenir de l'aviation commerciale dans le monde, sans mutations profondes et collatérales. Non seulement cette industrie changera, mais les passagers, qui en sont la principale source de revenus, porteront sur elle un regard différent, peut-être hostile.

Désormais, ceux qui avaient l'habitude de voyager régulièrement, pour le travail ou pour le loisir, réfléchissent à deux fois avant de réserver un vol, non seulement pour éviter les risques liés à la maladie présentés dans les médias, mais surtout pour éviter les multiples restrictions et les procédures, longues et chères, pour les lever.

[174] Poète, écrivain et philosophe, Paul Valéry fut surtout connu pour son courage contre l'occupant allemand, durant la seconde guerre mondiale.

Quelques études ont été faites dans le but d'établir des hypothèses plausibles et imaginer des scénarios, concernant l'avenir de l'aviation commerciale, au moins durant les premières années de la décennie 2020.

Est-il vraiment possible de se projeter dans l'avenir, ne serait-ce qu'à court terme, pour parier sur un calendrier de redémarrage de toute l'industrie aéronautique, alors que cette dernière, à l'instar du monde occidental, vit au rythme du virus, et surtout à la mesure des restrictions, émanant de décisions politiques, plus inédites les unes que les autres.

Il est indéniable de penser, que les variables d'une telle prospective, qui se voudrait cohérente, sont tellement nombreuses et hypothétiques, que le résultat obtenu ne peut être que hasardeux.

Cependant, l'espoir d'une reprise existe bien, tant il est mû par la volonté grandissante des peuples, à vouloir vivre et voyager, comme dans le monde de l'avant Covid-19.

15. Reprise du trafic aérien

> *« L'économie semble s'être adaptée, avec le temps, à la baisse des activités qui nécessitent des interactions physiques »*
>
> — FMI

Eurocontrol, l'organisation paneuropéenne, qui compte 41 pays membres à son actif, publie le 28 janvier 2021, un graphique représentant le trafic aérien actuel, et deux scénarios futurs possibles, à des conditions différentes :[175]

---

[175] Eurocontrol. (2021, janvier 28). New Eurocontrol Traffic Scenarios factor in latest COVID impacts on European aviation. Récupéré sur https://www.eurocontrol.int/traffic-scenario/new-eurocontrol-traffic-scenarios-factor-latest-covid-impacts-european-aviation

- En bleu, le trafic aérien actuel indique que la fréquence des vols en Europe a diminué de 88%, durant la vague de Covid-19 d'avril 2020, et a finalement repris pour atteindre, en août 2020, moins 51% du trafic de 2019. En mai 2021, cette fréquence est toujours en ralentissement et est établie à moins 65% du niveau de 2019.
- En vert, une première projection établit un scénario A, assez optimiste, qui devrait amener le trafic aérien, en juin 2021, à moins 55% de son niveau par rapport à l'année 2019, si la situation globale européenne s'améliore avec l'assouplissement des mesures de restrictions.
- En rouge, une deuxième projection établit un scénario B, plus pessimiste, qui indique qu'en cas d'amélioration limitée de la situation globale et du maintien des mesures de restrictions, le trafic aérien, en juin 2021, sera à moins 70% du trafic de 2019.

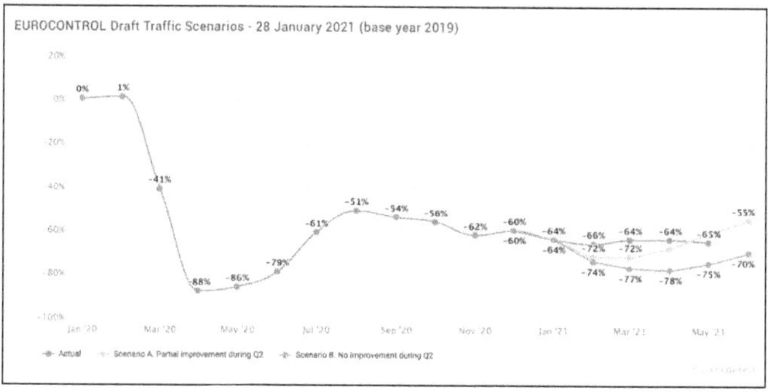

Eamonn Brennan, Directeur Général d'Eurocontrol, déclare à propos de ces prédictions : « *C'est un désastre complet pour l'aviation européenne, une industrie déjà à genoux* ».

Le manager, comme beaucoup d'observateurs, lie la probabilité d'être à l'un ou l'autre de ces scénarios, en juin 2021, en partie, à la vitesse de déploiement des vaccins, et de la vaccination des peuples.

Un nouveau graphique diffusé par Eurocontrol, établit trois projections distinctes de 2020 à 2024, par rapport au niveau du trafic aérien de 2019, en fonction de la vaccination, ou de la fin de la pandémie :[176]

- En bleu, le vaccin est largement disponible pour les voyageurs à l'été 2021, la pandémie s'arrête. Le trafic aérien reviendra alors au niveau de 2019 à partir de 2024.
- En noir, le vaccin n'est disponible qu'à l'été 2022. Le trafic reviendra au niveau de 2019, en 2026.
- En Jaune, le vaccin n'est pas efficace, quelques infections sont toujours dépistées, la confiance des passagers n'a pas été restaurée. Le trafic reviendra au niveau de 2019, en 2029.

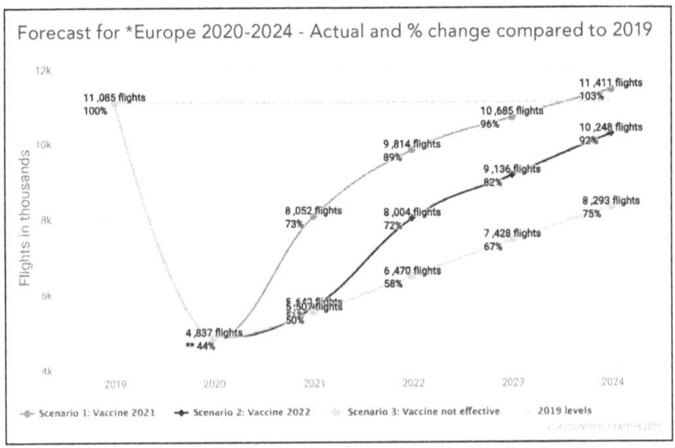

[176] Eurocontrol. (2020, Novembre 4). Five-Year Forecast 2020-2024. Récupéré sur https://www.eurocontrol.int/publication/eurocontrol-five-year-forecast-2020-2024

D'après les scénarios présentés par Eurocontrol, le trafic aérien en Europe, pourrait éventuellement revenir à son niveau de croissance initial de 2019, au mieux à partir de 2024.

Par analogie, une reprise similaire pourrait être observée, à la même période, sur tous les autres continents, si les conditions sont réunies.

Xavier Tytelman, consultant aéronautique, responsable et formateur au Centre de Traitement de la Peur de l'Avion, décrit dans une vidéo diffusée sur sa chaine YouTube le 11 avril 2020, les différents scenarios plausibles, pour une reprise du secteur aérien, à son niveau de l'année 2019. L'ancien aviateur militaire considère à ce moment qu'un scénario en « U allongé » est le plus probable, compte tenu de la situation de la crise.[177]

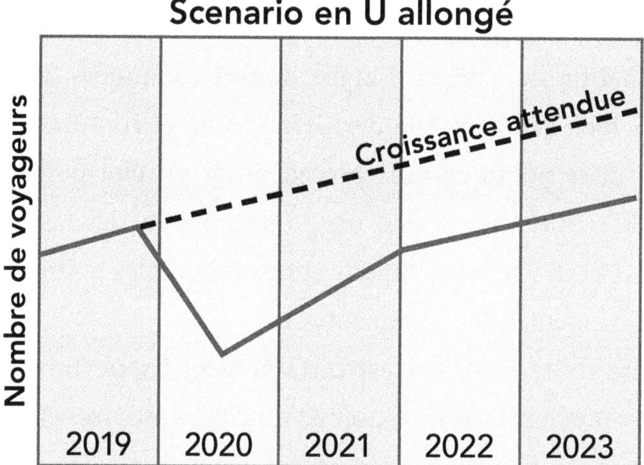

Dans cette projection, on observe tout d'abord une décroissance, due au ralentissement brutal de l'économie, et intrinsèquement du

[177] Quels scenarios de sortie de crise pour le secteur aérien ? (2020). [Film]. Consulté le mai 19, 2021, sur https://www.youtube.com/watch?v=c5GHrgAOkaI

trafic aérien, en 2020. Ensuite une reprise très lente s'observe jusqu'à la fin 2021, imputée à la réouverture des frontières tardive et progressive, et à la prudence des voyageurs et des investisseurs. Une stabilisation à partir de 2020 pourra être appréciée, sur un taux de croissance presque parallèle à celui annoncé en 2019, ce qui n'amènera, le niveau du secteur aérien à son niveau d'avant-crise, qu'entre 2025 et 2028.

16. Un nouveau normal

> *« La pandémie représente une fenêtre d'opportunité rare mais étroite pour repenser, réinventer et réinitialiser notre monde »*
>
> — Klaus Schwab

La situation de l'aviation civile durant les années 2019-2020 est désormais bien établie. Cette dernière a vécu, et continue de vivre en 2021, une crise politique sans précédent, et sa réforme n'est plus un sujet de discussion, mais bien un projet posé sur les tables des gouvernements et des grandes organisations mondiales politiques, économiques et bien entendues aéronautiques.

La crise de la Covid-19 est certainement l'opportunité, pour les autorités compétentes, d'instaurer de nouvelles mesures et d'utiliser les technologies les plus modernes, afin de contrôler, trier et filtrer plus facilement, les passagers, et peut-être même leur délivrer les autorisations de voyage.

L'Union européenne propose la création d'un passeport sanitaire, ou certificat vert, doté d'un QR code, téléchargeable sur les smartphones personnels, qui permettra de justifier d'une vaccination contre la Covid-19, ou d'un test PCR négatif, ou d'une immunité à la suite d'une infection.[178]

Le Président de la République Emmanuel Macron, a apporté son soutien à ce projet de certificat vert initié par l'UE, en déclarant ceci : « *Le passe sanitaire est un outil supplémentaire pour assurer la protection des Français* ».[179]

Le 12 mai 2021, l'Assemblée nationale, a voté la création d'un Pass sanitaire, dans une logique d'allègement des mesures de contrôle et de réouvertures d'établissements, et qui sera utile pour faciliter les passages aux frontières.[180]

L'IATA a d'ores et déjà crée un Pass Sanitaire qu'elle a appelé « Travel-Pass », actuellement testé par plusieurs compagnies aériennes, dont Emirates, Singapour Airlines, Qatar Airways, Qantas, et bien d'autres, et qui a, au moins quatre modules de fonctionnalités :[181]

---

[178] UE. (2021). Covid-19 : un certificat sanitaire européen pour faciliter la libre circulation. Politique, Bruxelles. Consulté le mai 19, 2021, sur https://www.vie-publique.fr/en-bref/279133-covid-19-la-commission-europeenne-propose-un-certificat-vert-numerique

[179] Gouvernement-français. (2021, mai 10). Pass sanitaire : toutes les réponses à vos questions. Consulté le mai 19, 2021, sur gouvernement.fr: https://www.gouvernement.fr/pass-sanitaire-toutes-les-reponses-a-vos-questions

[180] Gouvernement-français. (2021). Covid-19 : un certificat sanitaire européen pour faciliter la libre circulation. Politique, Bruxelles. Consulté le mai 20, 2021, sur https://www.vie-publique.fr/en-bref/279133-covid-19-la-commission-europeenne-propose-un-certificat-vert-numerique

[181] IATA. (2021). Fact Sheet: IATA Travel Pass. Sanitaire, Montréal. Consulté le mai 19, 2021, sur https://www.iata.org/en/iata-repository/pressroom/fact-sheets/fact-sheet---iata-travel-pass/

- Un registre mondial des exigences sanitaires, permettant aux passagers de trouver des informations précises sur les procédures, en matière de santé et de tests, tout au long de leur voyage.
- Un registre mondial intégré de tous les centres de dépistages et de vaccinations de la Covid-19, du départ, avec géolocalisation, et vérification de résultats pour l'arrivée.
- Une application LAB qui est un canal sécurisé et crypté, qui permet aux laboratoires de vérifier l'identité des passagers, puis de leur transmettre les résultats des tests Covid-19, ou une preuve de vaccination, directement sur leurs téléphones.
- L'application « Travel-Pass » de l'IATA, permet aux passagers de créer une identité numérique, sécurisée et vérifiée, liée à leur passeport, qui contrôle l'exigence en matière de test/vaccination, et leur statut, et partage ces informations avec les autorités compétentes.

Un Pass sanitaire est également proposé par le Forum Économique Mondial « WEF », qui inclurait l'emprunt Carbon personnelle pour chaque individu. En effet, Klaus Schwab, fondateur et président du forum de Davos, co-auteur du livre « Covid19 - La Grande Réinitialisation », a beaucoup d'ambitions écologiques, et souhaiterait pouvoir contrôler, l'émission de CO_2 de chaque individu, en traçant leurs kilométrages voyages.[182]

Le très expérimenté octogénaire Jeanniot, nommé au rang d'Officier de la légion d'honneur, le 14 avril 2017, par le Président de la

[182] Klaus-Schwab, & Thierry-Malleret. (2020). COVID-19: The Great Reset. Forum Publishing. Consulté le mai 5, 2021

République française, François Hollande, propose d'utiliser des technologies avancées pour faciliter toutes les procédures du passage des passagers dans les aéroports, qu'il pense trop long, en dotant les autorités aéroportuaires de données précises sur chaque passager, afin de les trier plus efficacement.[183]

À cet égard, beaucoup d'entreprises high-tech, comme l'excellentissime Français Thales et d'autres, travaillent d'ores et déjà, sur des systèmes de reconnaissance faciale pour les aéroports, dans lesquels seront inclus les données de santé, comme les tests PCR et les certificats de vaccination contre la Covid-19.[184]

La vaccination devient déjà pour beaucoup, la condition pour accéder au transport aérien. Le patron de Qantas, la compagnie aérienne historique australienne, Alan Joyce, fut le premier à ouvrir le bal de ce nouveau monde, en annonçant le 23 novembre 2020, que les passagers de Qantas, devront maintenant être vaccinés contre la Covid-19, afin d'arriver en Australie depuis l'étranger, ou de quitter le pays continent.[185]

Le 18 janvier 2021, dans une interview donnée à BBC News, c'est au tour du PDG du groupe Qatar Airways, Akbar Al-Baker, de déclarer que les certificats de vaccination, pour monter à bord d'un avion, et

---

[183] Pierrejeanniot. (2017, May 3). Consulté le Janvier 14, 2021, sur http://pierrejeanniot.com/named-officer-french-legion-dhonneur/

[184] Thales. (s.d.). Reconnaissance faciale : 7 tendances à suivre pour 2021. Consulté le Janvier 20, 2021, sur https://www.thalesgroup.com/fr/europe/france/dis/gouvernement/biometrie/reconnaissance-faciale

[185] Covid : Qantas veut rendre la vaccination obligatoire pour ses passagers. (2020, Novembre 24). Consulté le janvier 14, 2021, sur lesechos.fr : https://www.lesechos.fr/industrie-services/tourisme-transport/covid-qantas-veut-rendre-la-vaccination-obligatoire-pour-ses-passagers-1267719

pour visiter certains pays, seraient bientôt la norme, sur laquelle travaillent conjointement l'OMS, l'IATA et l'OACI.[186]

À travers ces quelques exemples limpides, nous pouvons apprécier le changement de paradigme, lié à l'aviation civile, qui est en train de s'opérer partout dans le monde. Plus question de prendre un taxi, réserver un billet d'avion en ligne durant le trajet, arriver à l'aéroport avec sa valise, embarquer dans son avion, et arriver à destination. Aujourd'hui le voyageur doit d'abord prouver qu'il n'est pas malade, qu'il n'a pas été en contact avec des personnes infectées, qu'il a bien fait tous les tests médicaux demandés, ses vaccins sont à jour, son Pass sanitaire est installé, avant de prétendre avoir le feu vert des autorités sanitaires, étatiques et aéroportuaires, pour voyager en cas de motif impérieux.

---

[186] Vaccination certificates could become the new norm for travel: Qatar Airways chief. (2021, Janvier 18). Consulté le Janvier 2021, 2021, sur thepeninsulaqatar.com: https://www.thepeninsulaqatar.com/article/18/01/2021/Vaccination-certificates-could-become-the-new-norm-for-travel-Qatar-Airways-chief

CHAPITRE 6

Démonstration écologique

« Il est important d'appréhender l'essence des choses pour en préparer l'évolution dans un monde en rapide mutation »

— Michel Borel.[187]

Durant notre étude, nous avons évoqué la question écologique, et démontré à quel point celle-ci est étroitement liée aux restrictions de la Covid-19.

Il serait donc intéressant de comparer la très grande consommation de carburant d'un avion de ligne, pendant un vol, avec la consommation d'un autre moyen de transport, comme la voiture par exemple, sur une même distance, pour se rendre compte de plusieurs faits très surprenants.

À priori, quand les deux sujets d'études sont présentés côte à côte, le choix le plus écologique, pour un individu initié et responsable, est

[187] Michel-Borel. (2013, Octobre 1). La prospective : une discipline de niveau stratégique au service du dialogue. Sécurité globale 2008/4 (N° 6). cairn-info. Consulté le Janvier 2, 2021, sur https://www-cairn-info.ezscd.univ-lyon3.fr/revue-securite-globale-2008-4-page-83.htm

naturellement très facile à faire. La couverture médiatique des questions d'ordre climatique, est tellement intense, qu'elle a forgé dans l'imaginaire collectif, un préjugé, qui voudrait que l'avion consomme et pollue plus que la voiture. Or, la vérité scientifique est, une nouvelle fois, aux antipodes de ce choix infondé et c'est ce que la démonstration qui suit, tend à révéler.

17. L'Airbus A380

Afin de prendre la mesure véritable de cette comparaison, il est indispensable de présenter, en amont, les atouts et les inconvénients, de son protagoniste principal. L'Airbus A380 est le plus grand avion de transport de passagers au monde. Ce géant du ciel est un quadriréacteur ultra-long-courrier, qui peut parcourir jusqu'à 14.000 kilomètres, l'équivalent de la distance orthodromique[188] de Paris en France, à Alice Springs, dans le Territoire du Nord de l'Australie en plein désert, sans avoir à faire une seule escale technique de ravitaillement en carburant, tout ça, à une altitude maximale de 43.000 pieds (≈ 13 km) et à une vitesse de près de 1000 km/heure.[189]

La masse maximale au décollage de cet Airbus est de 575 tonnes (575.000 kg), correspondant au poids de 480 Renault Clio de 1200 kg

---

188 L'orthodromie est le chemin le plus court, en ligne droite, entre deux points, sur une surface sphérique. En navigation aérienne, cette solution est utilisée pour parcourir la plus courte distance, en choisissant le plus petit arc du grand cercle. Un vol entre Dubaï et Los Angeles va passer par le Pôle-Nord et non par Marrakech, pour arriver plus vite bien que visuellement, on peut avoir l'impression que c'est plus court. L'orthodromie s'oppose à Loxodromie qui est une route plus droite, mais qui coupe tous les méridiens sous un angle constant, et qui est donc plus longue.

189 Airbus. (S.d.). A380 - Innovation. Récupéré sur airbus.com : https://www.airbus.com/aircraft/passenger-aircraft/a380/innovation.html#reliability

chacune, qui inclut la totalité du poids de la structure de l'appareil, des centaines de passagers avec leurs bagages, éventuellement un emport de marchandises, et bien entendu le kérosène. Le A380 a une capacité d'emport, dans ses onze réservoirs de carburant, d'environ 320.000 litres de kérosène (254.000 kg), l'équivalent de 6038 pleins d'essence, de 53 litres chacun, d'une Peugeot 308.

Il est certifié pour accueillir jusqu'à 853 passagers, lorsque toute sa cabine intérieure est configurée en une seule et unique classe économique. Quelques compagnies aériennes avaient initialement prévu de l'exploiter dans cette disposition uniforme, sur certaines lignes bien définies, mais très rapidement, ce projet inouï est abandonné. La majorité des exploitants ont choisi la configuration de base proposée par Airbus, avec un nombre de passagers variant entre 400 et 550, répartis en trois ou quatre niveaux de confort : la classe économie, généralement agencée sur tout le pont principal, la business classe et la première classe, disposées sur le pont supérieur ; mais les possibilités d'innovations, de ce navire volant, ne sont pas terminées. Des compagnies très prestigieuses, comme Emirates, Singapour Airlines ou Etihad, ont opté pour une configuration avec un nombre de passagers total inférieur, afin d'offrir à leurs clients, les plus fortunés et les plus loyaux, un grand bar pour se déshydrater, des suites 5 étoiles isolées, pour dormir comme dans un hôtel de luxe, ainsi que des douches pour se rafraichir avant l'arrivée à destination. Ce bien-être durant le voyage est vendu très cher mais, il est par-dessus tout attractif et particulièrement intéressant pour les vols sur de très longues distances.[190]

---

[190] Singapore Airlines. (S.d.). New A380 Suites. Récupéré sur singaporeair.com/ https://www.singaporeair.com/en_UK/us/flying-withus/cabins/suites/new-a380-suites/

L'immense A380 est le seul avion de transport de passagers de catégorie « SUPER » et cela n'est pas sans conséquence sur les autres avions. Tous les aéronefs du monde, du petit Cessna 152 d'aéroclub, sur lequel les jeunes aviateurs apprennent les bases du pilotage, au plus gros avion de transport de marchandises l'Antonov An-225 Mriya, sont classés, par l'OACI, en quatre catégories, en fonction des turbulences de sillage qu'ils produisent, afin de pouvoir les séparer suffisamment, pendant le décollage et l'approche.[191]

- Avion léger = masse inférieure à 7000 kg, ex : Cessna Citation - Learjet60
- Avion moyen = masse comprise entre 7000 kg et 136.000 kg, ex : A320 – B737, etc.
- Avion lourd = masse comprise entre 136.000 kg et plus, ex : B777–A330, An225 etc.
- Avion Super = A380 uniquement

Les turbulences de sillage sont des tourbillons marginaux, en extrémité d'ailes, connues sous le nom de « Vortex » au singulier ou « Vortices » au pluriel. Ils sont créés par le mouvement de l'air depuis la surface intérieure des ailes (intrados) qui est en surpression, vers la surface extérieure des ailes (extrados) qui est en dépression. Ces tourbillons peuvent être extrêmement dangereux pour un aéronef qui traverse la turbulence de sillage d'un avion qui le précède. C'est d'autant plus vrai, à mesure que l'appareil à l'avant est grand et lourd, et qu'il est en phase de montée plutôt qu'en phase de croisière. C'est pourquoi, a été créée la classification en fonction du poids, afin d'établir des règles

---

[191] ICAO. (S.d.). DOC 8643 - Aircraft Type Designators. Récupéré sur icao.int : https://www.icao.int/publications/DOC8643/Pages/Search.aspx

d'espacement strictes, pour éviter toute rencontres dangereuses, durant les phases de décollage, de croisière et d'approche.[192]

Depuis peu, il existe des variations par rapport à la réglementation générale de l'OACI concernant l'espacement, d'abord appliqué dans les aéroports aux États-Unis et en Angleterre, à travers une nouvelle convention appelée RECAT FAA (Recatégorisation USA), qui prend en compte, en plus des tourbillons de sillage, l'envergure des avions. L'Europe, qui a observé beaucoup d'avantages, quant à l'optimisation du nombre de décollage et d'atterrissage sur ses aéroports, étant donné que les séparations entre les avions, dans cette nouvelle réglementation, sont réduites, sans pour autant affecter la sécurité des vols, a décidé à son tour, de développer, la RECAT EU (Recatégorisation Europe).[193]

Cette nouvelle classification prend en compte, la force des turbulences de sillage de l'avion en tête, ainsi que la résistance, à ces vortices, de l'appareil qui suit. La classification de l'OACI a été recatégorisée en six groupes : léger - moyen inférieur - moyen supérieur - lourd inférieur - lourd supérieur – super.[194]

L'envergure de l'avion, c'est-à-dire la distance d'une extrémité à l'autre des ailes, vient s'ajouter au poids, pour la classification

---

[192] Claude-Lelaie, & Airbus. (2016). Wake Vortices. Aéronautique, Toulouse. Consulté le 29 avril, 2021, sur safetyfirst.airbus.com : https://safetyfirst.airbus.com/app/themes/mh_newsdesk/pdf.php?p=32643

[193] DGAC. (2016). Mise en œuvre des minimums de séparation RECAT-EU. Paris : Service de l'information Aéronautique. Consulté le 29 avril, 2021, sur https://www.sia.aviation-civile.gouv.fr/pub/media/store/documents/file/l/f/lf_circ_2016_a_003_fr.pdf

[194] RECATEGORISAT, A. F.-T. (2020). A fine-tuned wake vortex recatégorisation. Paris : DGAC. Consulté le 29 avril, 2021, sur https://www.ecologie.gouv.fr/sites/default/files/RECAT_EU.pdf

revisitée. À ce propos, l'envergue de l'A380 est d'environ 80 mètres de large, ce qui représente quasiment la longueur d'un terrain de football, et sa hauteur est de 24 mètres, l'équivalent d'un bâtiment de huit étages.

		SUIVEUR					
		Super	Lourd Supérieur	Lourd Inférieur	Moyen Supérieur	Moyen Inférieur	Léger
L	Super	3nm	4nm	5 nm	5nm	6nm	8nm
E	Lourd Supérieur		3 nm	4nm	4nm	5 nm	7nm
A	Lourd Inférieur			3nm	3mn	4nm	6mn
D	Moyen Supérieur						5nm
E	Moyen Inférieur						4nm
R	Léger						3 nm

Ce tableau présente les minimums RECAT EU de distance à respecter, pendant le décollage, entre les différentes catégories de tonnage d'avions. Un avion léger, comme le jet privé Cessna Citation, devra attendre que l'Airbus A380 Super soit, à au moins 8 nm (≈ 15 km), avant de débuter son décollage. De la même manière, un Boeing 787, de catégorie lourd supérieur, devra au moins être à 4 nm (≈ 7,4 km) avant que l'Airbus A320, de catégorie moyen-supérieur, ne reçoive l'autorisation de décollage délivrée par le contrôleur aérien.

Ce phénomène aérodynamique n'est pas à confondre avec le souffle produit par les réacteurs, qui peut être, durant le démarrage des moteurs au sol, périlleux pour les êtres humains, les équipements aéroportuaires et les autres avions autour de l'avion qui se met en route. En vol, ce souffle peut s'avérer être très risqué pour les aéronefs qui suivent, étant donné qu'il se mélange aux tourbillons de sillage et atténue considérablement leurs effets.

À cet égard, l'Airbus A380 a, très récemment, terrifié le monde de l'aviation privée, à la suite d'un incident avec un Bombardier Challenger 604. Le 7 janvier 2017, un Super de la compagnie aérienne Emirates, opérait le vol EK412, entre l'aéroport de Dubaï et Sydney, en Australie. Le jet CL604, opère quant à lui, un vol de Malé, des îles des Maldives, vers Al-Bateen, à Abu-Dhabi aux Émirats Arabes Unis « EAU »

Quelques minutes après son décollage, le A380 se met en croisière, sur un cap sud-est, au-dessus de la mer d'Arabie, dans la Région d'Information de Vol « FIR » de Mumbai, à 35.000 pieds (≈ 10,6 km) sur la voie aérienne L894. Le CL604 est tout juste 1000 pieds (≈ 300 m) en dessous, dans le sens inverse. Entre le niveau de vol FL290 (29.000 pieds à la pression standard) et le niveau de vol FL410 (41.000 pieds à la pression standard), la norme est que la séparation verticale entre les avions, volant en sens opposé, soit réduite à 1000 pieds, dans cet espace réglementé appelé Minimum de Séparation Verticale Réduit « RVSM ». Le Challenger a été pris dans les tourbillons de sillage du A380 et débuta une chute de 9000 pieds (≈ 2700 m), tout en effectuant plusieurs tonneaux vers la gauche, et en accélérant jusqu'à 330 nœuds (≈ 611 km/h). Les pilotes n'avaient plus du tout le contrôle de l'appareil pendant plusieurs minutes, ils ont tout de même réussi à reprendre les commandes et à se poser à Muscat à Oman, en urgence.[195]

Plusieurs, des occupants du jet, ont été blessés, dont un très gravement. Le CL604 a tellement été endommagé, qu'il ne pourra plus être réparé, il a été vendu pour ses pièces détachées. L'Airbus A380, quant à

---

195 OACI. (2017). Wake Turbulence Separation in RVSM Airspace. Aéronautique, Regional Aviation Safety Group - Middle East, Bahrain. Récupéré sur https://www.icao.int/MID/Documents/2017/RASG-MID6/WP%2025%20-%20RVSM.pdf

lui, a continué son vol jusqu'à Sydney, sans se rendre de compte de ce qui venait de se produire.[196]

Les turbulences de sillages ne sont pas les seuls inconvénients du Airbus A380 selon ses détracteurs. Il y en a un qui intéresse très particulièrement les plus inquiets d'entre eux, quant aux ressources naturelles de la terre qui seraient en cours d'épuisement, accentué par un réchauffement ou un changement climatique supposé : c'est la consommation en carburant du A380. Certes, le Super est l'un des avions qui consomme le plus de kérosène, et c'est notamment pour cela qu'il a été envoyé à la retraite très prématurément, mais ce n'est pas la seule raison, il y a également des aspects opérationnels et financiers contraignants, qui ont été pris en compte, pour la décision difficile de certains opérateurs aériens, d'arrêter l'exploitation de cet avion.[197]

18. A380 VS voiture

Pour la mise en situation, les données d'un vol, en A380, très long courrier, entre Doha au Qatar et Melbourne en Australie, vont être utilisées. Le temps de vol, départ à destination est de 14h14 et il y a 550 personnes à bord. L'emport total de kérosène est de 201,552 kg, qui correspond

---

[196] Corot, L. (2019, mar 27). Quand le pilote d'un jet privé perd le contrôle en passant pas loin d'un A380. Récupéré sur usinenouvelle.com: https://www.usinenouvelle.com/article/quand-le-pilote-d-un-jet-prive-perd-le-controle-en-passant-pas-loin-d-un-a380.N519879

[197] Vigoureux, T. (2020, Mai 21). Pourquoi Air France accélère le retrait des Airbus A380. Retrieved from lepoint.fr: https://www.lepoint.fr/economie/pourquoi-air-france-accelere-le-retrait-des-airbus-a380--21-05-2020-2376434_28.php

à 15h31 de vol au total. Ce carburant est divisé en plusieurs phases de vol :

- 829 kg - 16 min / Roulage au sol.
- 189,021 kg - 14h14 / Trajet total = décollage + montée + croisière + approche + atterrissage.
- 1802 kg – 8 min / Réserve en route en cas d'altération de certaines variables.
- 5649 kg – 23 min / Reserve de déroutement vers un aéroport choisi avant le vol.
- 4251 kg – 30min / Reserve finale pour pouvoir voler 30min à 1500 pieds, en conditions standard, au-dessus du niveau de l'aéroport de dégagement.

En théorie, à moins d'un évènement imprévu pendant le vol, ce sont uniquement les réserves de - roulage + trajet - qui seront consommées, soit :

829 kg + 189,021 kg = 189.850 kg

Le temps qui est imparti aux phases de - roulage + trajet - est de :

8 min + 14h14 = 14h30

Durant tout le vol de 14h30, c'est 189,850 kg qui seront consommés. Quand on divise ce poids du carburant total, par le nombre d'heures de vol, on obtient la consommation de carburant par heure de vol :

189.850 kg ÷ 14.5h = 13.090 kg/h

Ensuite, on divise ce résultat, par le nombre de passagers ce jour, et on obtient la consommation de carburant pour chaque passager par heure de vol :

13.090 kg/h ÷ 550 passagers = 23,80 kg/h/passager

L'étape suivante, est de diviser ce résultat par 60 min, pour obtenir la consommation de carburant pour chaque passager par minute de vol :

$$23{,}80\ \text{kg/h/passager} \div 60\ \text{min} = 0{,}39\ \text{kg/min/passager}$$

À partir de là, il faut déterminer la vitesse de l'avion pour pouvoir continuer la démonstration. À haute altitude, la vitesse d'un avion s'exprime en nombre de Mach. Celui-ci est le rapport de la vitesse vraie d'un objet, en l'occurrence l'avion dans ce cas d'étude, par rapport à la vitesse du son local, qui elle, varie en fonction des conditions atmosphériques, de la densité et de la température. En croisière en A380, le nombre de Mach sélectionné par les pilotes est généralement de M.86, c'est-à-dire 86% de la vitesse du son. Le son se propage dans l'air, en moyenne, à 1224 km/h. En multipliant, cette vitesse du son moyenne, par le nombre de Mach du Super en croisière, on obtient la vitesse moyenne du A380 en croisière :

$$1224\ \text{km/h} \times 86\% = 1052\ \text{km/h}$$

Maintenant que la vitesse moyenne de croisière a été trouvée, il faut la diviser par 60, pour obtenir la vitesse moyenne de croisière du A380 par minute :

$$1052\ \text{km/h} \div 60\ \text{min} = 17{,}53\ \text{km/min}$$

Le Super parcourt donc une distance de 17,53 kilomètres, en une seule minute. Par un calcul de produits en croix simple, on peut déterminer, combien de temps « t » en minute, cet avion mettra pour voler sur une distance de 100 km :

$$(100 \times 1) \div (17{,}53 \times t) = 5{,}70\ \text{min}$$

Nous savons maintenant que le A380 met 5,70 min pour faire 100 km, et qu'il consomme 0.39 kg/min/passager de kérosène. En multipliant cette consommation, par le nombre de minute qu'il met pour faire 100 km, on obtient la consommation de chaque passager, en kg/100km

5,70 min × 0,39 kg/min/passager = 2,22 kg/100km/passager

L'unité de mesure internationale pour la consommation d'un avion s'exprime en litres par 100 km par passager. Il faut donc convertir ce poids, qui est en kg, en litres, et prendre en compte la masse volumique du kérosène qui se situe entre 0,755 kg/l et 0,840 kg/l à 15 °C. On choisira 0,8 kg/l qui est environ la moyenne de cette variable :

2,22 kg/100km/passager ÷ 0,8 kg/l = 2,77 litres/100km/passager

L'Airbus A380 consomme donc en moyenne 2,77 litres tous les cent kilomètres par passager dans l'avion.

Nous sommes partis, pour arriver à ce résultat, du plan de vol qui estimait que sur ce vol en particulier, les réacteurs du A380 consommeraient environ 13.000 kilogrammes par heure, ce qui fait 3250 kg/h/réacteur. Or, d'expérience, les réacteurs du Super consomment entre 2500 kg/h et 3000 kg/h. Si on prend la moyenne des deux valeurs, 2750 kg/h, et qu'on refaisait la même démonstration, on obtiendra 2,37 litres aux cent par passager.

En moyenne, une voiture essence consomme 7,18 L/100km. Non seulement celle-ci transporte 4 à 5 personnes seulement, mais elle ne parcourra certainement pas les 14.000 km de routes, de déserts et d'océans, qui séparent la France de l'Australie.

L'avion reste donc le moyen de transport le plus rapide, et l'un des moins consommateur en ressources naturelles et les moins émetteur de gaz à effet de serre, quand la totalité des paramètres est prise en compte. Nous n'avons pas la prétention de connaitre tous les détails qui jalonnent les problématiques écologiques, mais rayer d'un coup de plume, cent ans d'avancées technologiques, qui ont tellement aidé l'être humain, et qui continuent aujourd'hui à le faire de manière phénoménale, surtout durant cette pandémie, nous semble être une erreur, qui coûterait très cher à l'ensemble de l'humanité.

Conclusion

« Dès le début de la pandémie, l'aviation commerciale a été perçue comme le vecteur de propagation du virus. Comment alors l'arrêter ? Il faut empêcher les gens de voyager »

— Frédéric Revol

Nous assistons, aujourd'hui, à une évolution profonde, associée à une réforme radicale de l'aviation civile, au point que se joue devant nous, l'avenir de cette industrie, qui vivra quelques années de plus, mais sans nul doute, différemment.

Il est évident que le monde, dans son ensemble, tel que nous l'avons connu jusqu'à la fin de l'année 2019, n'existe plus. Il va falloir s'habituer au nouvel ordre qui vient d'être créé et qui tend à être imposé.

Pour l'instant, les grands gagnants de cette crise de l'aérien, ou en tout cas les moins perdants, à travers le monde, sont des entreprises qui bénéficient d'assistances extraordinaires de leurs États, et d'autres qui sont assez souples pour pouvoir modifier leur business model, et l'adapter aux nouvelles normes très rapidement.

Certains low-cost ressortent grandis de cette pandémie, en raison de la flexibilité de leurs opérations, des coûts de charges fixes inférieurs à ceux des compagnies nationales, et grâce aux protections sociales minimales, dont disposent leurs employés.

L'histoire nous apprend que le gagnant d'une guerre impose toujours son modèle au perdant. Aucune dérogation à ce principe fondamental ne sera faite concernant le secteur aérien. Ce nouveau monde, post-Covid, dont nous vivons les prémices, est témoin de la « low-costisation » progressive de l'aviation commerciale. Les principaux acteurs du monde de l'aviation semblent avoir été convaincus par le succès du business-model des low-cost, qui est le plus résilient, celui qui fait le plus de profits, ou connaît le moins de pertes. Le low-cost a été capable de s'acclimater instantanément à la situation de crise, de franchir, plus facilement que les autres, de grands obstacles, et d'encaisser les coups plus légèrement, ce qui l'a placé comme grand favori pour l'avenir.

Le constructeur européen Airbus a également su s'ajuster très rapidement, malgré sa taille considérable, ce qui lui a permis d'éviter les pertes astronomiques que ses concurrents ont enregistré. L'entreprise a fermé des lignes de productions entières, annoncé l'arrêt de la fabrication de très gros porteurs, et a décidé de se focaliser sur le développement d'avions de tailles plus petits et plus économes, tout en soutenant la recherche de nouvelles technologies, notamment des biocarburants, pour arriver à cette transition énergique et écologique, qui fait tant parler d'elle.

Au moment où nous écrivons cette conclusion, Air France-KLM, Total, Groupe ADP et Airbus, ont conjointement réalisé le premier vol long-courrier, avec du carburant durable produit en France, issu de déchets et de résidus provenant de l'économie circulaire. Le vol AF342, qui a décollé le 18 mai 2021, de Paris Charles de Gaulle vers Montréal au Canada, concrétise l'ambition de la compagnie historique française, en lien avec ses partenaires, de décarboner le transport aérien, grâce à ces biocarburants. 16% du kérosène total utilisé durant ce vol, qui provient de ce carburant à base d'huiles de cuisson usagées, a permis, uniquement sur ce trajet, d'éviter l'émission de 20 tonnes de CO_2.[198]

---

[198] Air France-KLM, Total, Groupe ADP et Airbus se mobilisent pour la décarbonation du transport aérien. (2021, mai 18). Récupéré sur https://www.

Ce dont l'écologie la plus radicale a rêvé, la Covid-19 l'a fait. Il est sidérant de constater la corrélation entre les restrictions liées à la crise du coronavirus, et les projets écologiques les plus radicaux. Clouer au sol la quasi-totalité des avions du monde, et démanteler méthodiquement tout le secteur de l'aérien, n'est plus le fantasme d'une jeune suédoise, mise en avant par des lobbies divers et variés, mais une réalité avérée, qui se déroule sous nos yeux, et qui pourrait continuer et s'étendre à d'autres secteurs d'activité.

Le propos attribué à Greta Thunberg « *plus grande est votre empreinte carbone, plus grand est votre devoir* » prend tout son sens dans la réponse de certains États, qui ont accepté de plaider coupables du réchauffement climatique. La seule solution qu'ils présentent, face à la pollution, est de taxer toujours plus les entreprises et les populations. En quoi payer un peu plus de dix euros de taxe carbone, sur un billet d'avion de 100€, aiderait à diminuer les émissions de CO_2 ? Mais ce n'est pas tout, à partir de 2020 une écotaxe comprise entre 1,5€ et 18€, est imposée sur chaque billet d'avion, au départ de France. Aussi, les biocarburants, qui sont testés aujourd'hui par les compagnies aériennes, vont leur être imposés très rapidement. Seul hic, leurs coûts sont deux à cinq fois plus élevés que les carburants traditionnels, ce qui entraînera nécessairement l'augmentation du prix des billets d'avion.

En bref, il semblerait que l'Occident soit enlisé dans une logique de suicide économique collectif. Entre les restrictions de mouvements, les protocoles sanitaires à respecter, les tests à présenter, les procédures administratives à suivre, et les taxes environnementales en tout genre qui se multiplient, l'aviation civile est doucement mise à mort.

---

airfranceklm.com/fr/air-france-klm-total-groupe-adp-et-airbus-se-mobilisent-pour-la-decarbonation-du-transport-aerien-et

Manifestement, nous vivons dans une période de basculement, dans laquelle des forces étatiques et privées, tentent de conditionner l'accès à l'aviation commerciale, en fonction de critères de santé. Nous ne ferons pas marche arrière, en ce qui concerne ce nouveau normal, des Pass sanitaire, des tests PCR, ou de la vaccination. Néanmoins, nous observons que certains rôles régaliens de l'État, par exemple la délivrance à ses citoyens d'un passeport les autorisant à voyager à l'international, est en train d'être transféré vers des entreprises privées.

Demain, ce seront les laboratoires pharmaceutiques qui autoriseront ou non, un individu à prendre l'avion, en fonction de sa consommation de médicaments et de son état de santé.

À cet égard, la compagnie nationale qatarienne, Qatar Airways, s'est vantée d'avoir opéré le 6 avril 2021, le premier vol au monde de passagers et d'équipage, tous vaccinés contre la Covid-19, qui a décollé à 11h de Doha, Qatar, pour se reposer 3h15 plus tard toujours à Doha. Le vol QR6421 était bien entendu interdit aux non vaccinés, malgré cela, tous les passagers portaient un masque. La couverture médiatique faite de l'évènement fut relayée dans les médias du monde entier.[199]

Il est essentiel de rappeler que la santé d'un individu a toujours été protégée par le secret médical. Jusqu'en 2020, il était hors de question de forcer quelqu'un à révéler sa maladie, au risque d'être très lourdement condamné, c'était une question privée entre un patient et son médecin. À partir de 2020, beaucoup commencent à penser que ce nouveau monde voudrait que les individus révèlent toutes leurs données personnelles et acceptent la ségrégation en fonction de leurs conditions

---

[199] Qatar Airways to Operate World's First Fully COVID-19 Vaccinated Flight. (2021, avril 6). Récupéré sur https://www.qatarairways.com/en/press-releases/2021/April/Worlds-First-Vaccinated-Flight.html

de santé. Les Hommes ont vécu la ségrégation par la couleur de peau, la ségrégation par la religion, aujourd'hui, c'est une nouvelle forme de discrimination qui voit le jour, la ségrégation par la grippe, selon certains sceptiques.

Ce qui est intéressant dans ce vol de Qatar Airways, et d'Emirates par la suite, et les autres qui vont commencer à être opérés très rapidement, c'est qu'un passager pourrait potentiellement voyager avec la tuberculose, la malaria, ou la peste, mais pas s'il a été testé positif, par test PCR, à la Covid-19, alors même qu'il n'a aucun symptôme. Dans ce cas de figure, le passager serait présumé malade et traité en tant que tel.

La course est lancée, quel pays, quelle compagnie aérienne, quelle organisation, arrivera à imposer les nouvelles règles du jeu, toujours plus restrictives des libertés fondamentales, plus discriminatoires envers certaines personnes, et qui découragent tout simplement les voyageurs.

En revanche, nous entendons ici et là des voix s'élever, par exemple contre la reconnaissance faciale à l'aéroport, qui sera bientôt opérationnelle, prétextant une certaine intrusion dans la vie privée.

À ceux-là nous disons que l'État qui vous a octroyé un passeport pour voyager, a déjà toutes vos données personnelles et sait quand vous passez les frontières d'un pays à l'autre, car vos passeports sont vérifiés. Quel est donc le problème, d'arriver dans la zone de contrôle de la police aux frontières, que le système vous reconnaisse et vous autorise automatiquement d'entrer en zone d'embarquement, au lieu de présenter votre passeport à un agent, après avoir fait la queue, pour que ce dernier vous laisse finalement passer ?

Dans les deux cas, les autorités savent que vous passez par là, et d'une certaine manière, ces nouvelles technologies facilitent les procédures. Les pilotes de ligne doivent aussi présenter, à ces même autorités, leurs documents officiels, tels que les passeports. Si par malheur un passeport est perdu entre ces contrôles, à force de le sortir et de le ranger, ce n'est pas seulement le pilote qui ne voyagera pas, mais c'est plusieurs centaines d'individus qui seront bloqués.

Cette avancée permettra d'éviter ces problèmes qui se sont déjà produits, à plusieurs reprises, dans le passé. En voici un véritable exemple : lors d'un vol vers une île paradisiaque, un CDB avait emporté le passeport de sa fille à la place du sien. Il ne l'a découvert qu'au moment où il devait le présenter à la police aux frontières pour entrer dans ce pays. Faute de ne pas avoir son passeport, le capitaine a passé tout le temps de l'escale dans l'enceinte de l'aéroport, au lieu d'aller à l'hôtel avec l'équipage.

Un tel progrès technologique ne doit pas être balayé d'un revers de main à cause de thèses complotistes, qui se développent de plus en plus sur internet, par des individus qui n'ont pas forcément l'expérience adéquate, et surtout la connaissance, qui permet de juger l'efficacité de telles mesures.

Il y a tout de même beaucoup de positif qui ressort de cette crise qui a touché l'aviation commerciale.

Tout d'abord, malgré toute la notoriété qu'une compagnie aérienne pouvait avoir, celle-ci pouvait s'avérer être très fragile, ainsi cette expérience lui permet de se réformer en profondeur, pour pouvoir faire évoluer et face à d'autres crises, tout en limitant au maximum les pertes potentielles.

Il est évident également, que nous avons gagné en propreté, désormais les aéroports et les avions sont nettoyés convenablement et désinfectés plusieurs fois par jour, et les voyageurs ne s'en plaignent pas.

Aussi, les entreprises de l'aviation ont saisi l'impératif de diversifier leurs sources de revenus et de ne pas se cantonner à un secteur d'activité uniquement, comme le transport de passagers par exemple pour une compagnie aérienne. Elles cherchent désormais à acquérir des parts de marché dans d'autres domaines d'activité, qui pourraient être très lucratives.

Enfin, comme nous l'a révélé Frédéric Revol, les agences de voyages en ligne, commencent à perdre de leurs chiffres d'affaires au profit des agences physiques, où de plus en plus de voyageurs, préfèrent acheter leurs billets d'avion, afin d'avoir une personne en face d'eux qui les aide dans les procédures à suivre. Les clients se sentent donc plus en confiance de discuter en face à face avec des individus plutôt que de faire des réservations en ligne, et n'avoir aucune relation client véritable, pour d'éventuels remboursements en cas d'annulation, ou juste l'entrée en vigueur de nouveaux protocoles sanitaires.

Tout comme les nouvelles générations de pilotes n'ont pas eu la chance de connaître le Concorde, les prochaines générations ne connaîtront certainement pas les très gros porteurs.

Ces avions nous ont fait rêver durant ces dernières décennies, par leurs tailles, leurs envergures exceptionnelles, et leurs poids impressionnants. Tous admirons la légèreté avec laquelle ils s'élèvent au ciel, et la puissance qu'ils développent.

Nous avons été fiers de pouvoir prendre les commandes du Airbus A380 pendant quelques années. Ce fut un honneur de piloter cet avion, qui deviendra bientôt, une légende, comme tant d'autres appareils avant lui.

Nous sommes heureux de pouvoir contribuer à l'évolution de la connaissance du monde de l'aviation civile, à travers cette modeste recherche.

Nous finirons cette étude sur une note d'espoir. Nous prions tous nos collègues qui ont été licenciés, et qui vivent des moments difficiles, de croire en la résilience de cette belle industrie. Le monde de l'aviation commerciale survivra à cette épreuve, comme il a survécu à beaucoup d'autres avant elle. Il en ressortira changé, mais encore plus fort qu'avant. C'est à eux tous que nous dédions ce livre.

Nous espérons que la lecture de cette recherche vous a passionné, et vous a apporté un début d'information sur la pluralité des sujets que nous avons abordés.

Nous espérons vous avoir donné l'envie de rejoindre notre belle famille aéronautique.

> « *De toutes les opinions que j'avais autrefois reçues en ma créance pour véritables, il n'y en a pas une de laquelle je ne puisse maintenant douter* »
>
> — René Descartes

Annexes

Annexe 1

AIRBUS

Information

AIRBUS AIRCRAFT
2018 AVERAGE LIST PRICES* (USD millions)

Aircraft	Price
A220-100	81
A220-300	91.5
A318	77.4
A319	92.3
A320	101.0
A321	118.3
A319neo	101.5
A320neo	110.6
A321neo	129.5
A330-200	238.5
A330-800 (neo)	259.9
A330-200 Freighter	241.7
A330-300	264.2
A330-900 (neo)	296.4
A350-800	280.6
A350-900	317.4
A350-1000	366.5
A380	445.6

* Price depends on design weights, engines choice and level of selected customisation.

Airbus Media Relations
2 rond-point Emile Dewoitine
31700 Blagnac
France

Phone: +33 (0)5 61 93 10 00
Email: media@airbus.com
Web: airbus.com
Follow us on Twitter: @airbus & @airbuspress

Annexe 2

AIRBUS

Press Release

Airbus développe une solution permettant aux compagnies aériennes d'utiliser leurs gros-porteurs pour des opérations de fret dédiées pendant la pandémie de COVID-19

#AirbusServices

Toulouse, 30 Avril 2020 - Airbus développe actuellement une modification pour les avions des familles A330 et A350 qui permettra aux compagnies d'installer des palettes de fret, directement fixées sur les rails de sièges du plancher cabine, après dépose des sièges passagers.

Cette solution contribuera à la continuité des activités des compagnies aériennes. Elle permettra également de pallier la pénurie mondiale de transport de fret aérien, due à l'immobilisation au sol généralisée des avions long-courriers dans le contexte de la pandémie de COVID-19. En outre, cette solution aide le secteur à répondre à la forte demande de vols humanitaires pour transporter rapidement de grandes quantités de matériel médical et d'autres fournitures sur de grandes distances là où le besoin se fait sentir.

En comparaison avec le chargement du fret sur les sièges, cette solution Airbus facilite et accélère les opérations de chargement et de déchargement, tout en évitant l'usure même des sièges. Parmi les autres avantages importants, l'aménagement et les procédures proposées offrent une protection supplémentaire contre les risques d'incendies, et la capacité de retenue de la charge à 9g permet d'empêcher tout mouvement des marchandises durant le vol.

Cette modification est proposée aux opérateurs sous la forme d'un Service Bulletin (SB) Airbus. Dans le cadre de cet accord, Airbus définit le périmètre des travaux d'engineering et gère également le processus d'obtention de la certification auprès de l'Agence européenne de la sécurité aérienne (EASA). Son champ d'application comprend la dépose des sièges et des systèmes multimédia de bord (IFE), l'installation des palettes de fret et des équipements de sécurité associés, ainsi que la réinstallation des éléments de cabine d'origine pour revenir à la configuration de cabine passagers. La possibilité d'utiliser le SB sera également valable après la pandémie de COVID-19.

* * *

A propos d'Airbus
Airbus est un leader mondial de l'aéronautique, de l'espace et des services associés. En 2019, le groupe a publié un chiffre d'affaires de 70 milliards d'euros avec un effectif d'environ 135 000 personnes. Airbus propose la famille d'avions de ligne la plus complète qui soit. Airbus est, en outre, le leader européen dans le domaine des avions de mission, de ravitaillement en vol, de combat et de transport. Par ailleurs, l'entreprise est également un leader de l'industrie spatiale. Enfin, dans le domaine des hélicoptères, Airbus propose les solutions civiles et militaires les plus performantes au monde.

Contacts pour la presse

Martin FENDT	martin.fendt@airbus.com	+33 617 720 581
Anne GALABERT	anne.galabert@airbus.com	+33 6 09 24 09 74
Marie-Alix DELESTRADE	marie-alix.delestrade@airbus.com	+34 687 042 725
Aeron HAWORTH	aeron.haworth@airbus.com	+33 7711 063 752
Justin DUBON	justin.dubon@airbus.com	+33 6 749 749 51

Retrouvez ce communiqué de presse et bien d'autres ainsi que des photos haute résolution sur: AirbusMedia

Airbus Media Relations
2 rond-point Emile Dewoitine
31700 Blagnac
France

Phone: +33 (0)5 61 93 10 00
Email: media@airbus.com
Web: airbus.com
Follow us on Twitter: @airbus & @airbuspress
https://www.airbus.com/newsroom/

Bibliographie

Articles de presse

A320 de Germanwings : le BEA confirme un crash volontaire. (2016, mars 13). Récupéré sur lesechos.fr: https://www.lesechos.fr/2016/03/a320-de-germanwings-le-bea-confirme-un-crash-volontaire-204769

Aeronewstv.com. (2015, juillet 17). Vidéo - Crash du Boeing 747 cargo en Afghanistan, le chargement en cause. Récupéré sur https://www.aeronewstv.com/fr/evenements/crash/2710-crash-du-boeing-747-cargo-en-afghanistan-le-chargement-en-cause.html

Airbus confronté à des annulations de commandes massives. (2020, août 7). Récupéré sur capital.fr: https://www.capital.fr/entreprises-marches/a-suivre-aujourdhui-airbus-1377407

Alimi, J. (2001, Octobre 4). leparisien. Consulté le Janvier 7, 2021, sur https://www.leparisien.fr/archives/la-faillite-de-swissair-bouleverse-le-ciel-europeen-04-10-2001-2002485577.php

Bardintzeff, J.-M. (2016, Novembre 07). Volcan : surveillance, prévision et prévention. Récupéré sur futura-sciences.com: https://www.futura-sciences.com/planete/dossiers/volcanologie-risques-volcaniques-441/page/4/

BBC. (2010, Avril 15). When volcanic ash stopped a Jumbo at 37,000ft. Récupéré sur news.bbc.co.uk: http://news.bbc.co.uk/2/hi/uk_news/magazine/8622099.stm

Bezat, E. L.-M. (2008, Juin 4). lemonde.f. Consulté le Janvier 8, 2021, sur https://www.lemonde.fr/economie/article/2008/06/04/faire-face-au-troisieme-choc-petrolier_1053624_3234.html

Bonniel, M.-A. (2019, février 7). Il y a 100 ans le premier vol commercial d'un aérobus entre Paris et Londres. Récupéré sur Le figaro.fr: https://www.lefigaro.fr/histoire/archives/2019/02/07/26010-20190207ARTFIG00265-il-y-a-100-ans-le-premier-vol-commercial-d-un-aerobus-entre-paris-et-londres.php

Chong, J. (2017, octobre 27). L'aéroport de Hong Kong promet d'être le plus vert. Récupéré sur lesechos.fr: https://www.lesechos.fr/2017/10/laeroport-de

-hong-kong-promet-detre-le-plus-vert-186151#:~:text=Aujourd'hui%2C%20 l'Autorit%C3%A9,%2C%20d'ici%20%C3%A0%202021.

Collin, J. (2020, Avril 13). Les images impressionnantes des Airbus A380 stationnés à l'aéroport de Châteauroux. Consulté le Janvier 14, 2021, sur www.francebleu.fr: https://www.francebleu.fr/infos/transports/video-les-images-impressionnantes-des-airbus-a380-stationnes-a-l-aeroport-de-chateauroux-1586769266

Coronavirus : Airbus va réduire d'un tiers sa cadence de production d'avions. (2020, avril 08). Récupéré sur lefigaro.fr: https://www.lefigaro.fr/societes/coronavirus-airbus-va-reduire-d-un-tiers-sa-cadence-de-production-d-avions-20200408

Coronavirus : dix photos de l'incroyable construction express du nouvel hôpital de Wuhan. (2020, février 2). Récupéré sur franceinter.fr: https://www.franceinter.fr/monde/coronavirus-dix-photos-de-l-incroyable-construction-express-du-nou vel-hopital-de-wuhan

Corot, L. (2019, mar 27). Quand le pilote d'un jet privé perd le contrôle en passant pas loin d'un A380. Récupéré sur usinenouvelle.com: https://www.usinenouvelle.com/article/quand-le-pilote-d-un-jet-prive-perd-le-controle-en-passant-pas-loin-d-un-a380.N519879

Covid : Qantas veut rendre la vaccination obligatoire pour ses passagers. (2020, Novembre 24). Consulté le Janvier 14, 2021, sur lesechos.fr: https://www.lesechos.fr/industrie-services/tourisme-transport/covid-qantas-veut-rendre -la-vaccination-obligatoire-pour-ses-passagers-1267719

Covid-19 : Ryanair prévoit la pire perte annuelle de son histoire. (2021, février 01). Récupéré sur lepoint.fr: https://www.lepoint.fr/economie/covid-19-ryanair-pre voit-la-pire-perte-annuelle-de-son-histoire-01-02-2021-2412052_28.php

Decroly, É. (2020, Octobre 28). La question de l'origine du SARS-CoV-2 se pose sérieusement . Récupéré sur lejournal.cnrs.fr: https://lejournal.cnrs.fr/articles/la-question-de-lorigine-du-sars-cov-2-se-pose-serieusement

Desjardins, F., & Sioui, M.-M. (2020, Février 14). La fin d'une époque chez Bombardier, qui abandonne l'A220. Récupéré sur ledevoir.com: https://www.ledevoir.com/economie/572854/airbus-et-le-gouvernement-du-quebec-se-partagent-air bus canada#:~:text=C'est%20la%20date%20de,aujourd'hui%20700%20M%24.

Desrosiers, É. (2011, Septembre 7). 11 septembre 2001, dix ans plus tard - L'aviation civile a absorbé le choc... et bien d'autres encore. Consulté le Janvier 11, 2021, sur ledevoir.com: https://www.ledevoir.com/economie/330824/11-septembre-2001-dix-ans-plus-tard-l-aviation-civile-a-absorbe-le-choc-et-bien-d-autres-encore

Economie : un sous-traitant d'Airbus prévoit de supprimer 900 emplois. (2020, décembre 29). Récupéré sur francetvinfo.fr: francetvinfo.fr/economie/aeron autique/economie-un-sous-traitant-dairbus-prevoit-de-supprimer-900-em plois_4237481.html

Everaert-Benjamin. (2020, septembre 13). L'aviation d'affaires s'envole grâce au coronavirus. Récupéré sur lecho.be: https://www.lecho.be/entreprises/aviation/l-aviation-d-affaires-s-envole-grace-au-coronavirus/10251019.html

Flight attendant demands that family GET OFF plane because their toddler isn't wearing a mask. (2021, avril 5). Récupéré sur rt.com: https://www.rt.com/usa/520180-spirit-airlines-family-removed-masks/

France24. (2020, mai 28). Covid-19 : EasyJet licencie un tiers de son personnel. Récupéré sur https://www.france24.com/fr/20200528-covid-19-easyjet-annonce-le-licenciement-d-un-tiers-de-son-personnel

franceinfo. (2020, septembre 11). Ryanair : les pilotes sous contrat français acceptent une baisse de salaire de 20% pour éviter les licenciements. Récupéré sur https://www.francetvinfo.fr/sante/maladie/coronavirus/ryanair-les-pilotes-sous-contrat-francais-acceptent-une-baisse-de-salaire-de-20-pour-eviter-les-licenciements_4102955.html

Goetz, É. (2020, août 30). Le coronavirus a fait bondir la fortune des leaders de la tech. Récupéré sur lesechos.fr: https://www.lesechos.fr/finance-marches/marches-financiers/le-coronavirus-a-fait-bondir-la-fortune-des-leaders-de-la-tech-1237724

Goriainoff, A. O. (2020, juillet 29). Wizz Air swings to loss due to coronavirus. Récupéré sur marketwatch.com: https://www.marketwatch.com/story/wizz-air-swings-to-loss-due-to-coronavirus-2020-07-29

Gradt, J.-M. (2015, Octobre 29). Le gouvernement du Québec vole au secours de Bombardier. Récupéré sur lesechos.fr: https://www.lesechos.fr/2015/10/le-gouvernement-du-quebec-vole-au-secours-de-bombardier-279384

Grangeon, L. (2017, Août 31). Le trafic aérien : principale cause du réchauffement climatique . Récupéré sur economiematin.fr: http://www.economiematin.fr/news-le-trafic-aerien-principale-cause-du-rechauffement-climatique

GwynTopham. (2020, avril 6). EasyJet secures £600m coronavirus loan from UK Treasury and Bank. Récupéré sur theguardian.com: https://www.theguardian.com/business/2020/apr/06/easyjet-secures-600m-coronavirus-loan-from-uk-treasury-and-bank

Howell, J. (2020, Juillet 17). How Boeing's 747 became the 'Queen of the Skies'. Récupéré sur bbc.com: https://www.bbc.com/news/av/business-53448997

IAG's Spanish airlines secure $1.1 billion of state-backed loans. (2020, mai 1). Récupéré sur reuters.com: https://www.reuters.com/article/us-health-coronavirus-iag-debt-idUSKBN22D56D

Il y a 15 ans, Swissair restait cloué au sol. (2016, octobre 2). Consulté le Janvier 7, 2021, sur swissinfo.ch: https://www.swissinfo.ch/fre/mythe-national_il-y-a-15-ans-swissair-restait-clou%C3%A9-au-sol/42480772#:~:text=%C2%ABUn%20monde%20s'est%20%C3%A9croul%C3%A9,que%20Swissair%20ne%20vole%20plus.&text=%C2%ABLe%202%20octobre%202001%2C%20plus,argent%20pour%20paye

Julien-Arsenault. (2021, avril 8). Première commande ferme depuis plus d'un an pour l'A220 d'Airbus. Récupéré sur lapresse.ca: https://www.lapresse.ca/affaires/entreprises/2021-04-08/premiere-commande-ferme-depuis-plus-d-un-an-pour-l-a220-d-airbus.php#:~:text=Les%20derni%C3%A8res%20annonces%20de%20commandes,%C3%A9t%C3%A9%20annonc%C3%A9es%20l'ann%C3%A9e%20pr%C3%A9c%C3%A9dente.

Katie-Pearce. (2020, mars 13). What is social distancing and how can it slow the spread of Covid-19 ? Récupéré sur hub.jhu.edu: https://hub.jhu.edu/2020/03/13/what-is-social-distancing/

Katz, B. (2021, février 5). Bill Gates Joins Private-Equity Firms in $4.7 Billion Deal for Private-Jet Company. Récupéré sur .wsj.com: https://www.wsj.com/articles/bill-gates-joins-private-equity-firms-in-4-7-billion-deal-for-private-jet-company-11612534767

La compagnie Norwegian annule une commande de près d'une centaine d'avions Boeing. (2020, juin 30). Récupéré sur lemonde.fr: https://www.lemonde.fr/ehttps://www.lemonde.fr/economie/article/2020/06/30/la-compagnie-norwegian-annule-une-commande-de-pres-d-une-centaine-d-avions-boeing_6044634_3234.html#:~:text=Avenir%20durable-,La%20compagnie%20Norwegian%20annule%20une%20commande%2

Lamnaouer, L. (2020, août 24). Crise du Covid : British Airways, «honte nationale» au Royaume-Uni. Récupéré sur leparisien.fr: https://www.leparisien.fr/economie/emploi/crise-du-covid-british-airways-honte-nationale-au-royaume-uni-24-08-2020-8372196.php#:~:text=La%20compagnie%20a%C3%A9rienne%20britannique%20est%20sous%20les%20feux%20des%20critiques,tiers%20de%20son%20effectif%20t

Lapresse. (2008, Juillet 8). Consulté le Janvier 08, 2021, sur https://www.lapresse.ca/affaires/economie/200901/06/01-689906-25-compagnies-aeriennes-ont-cesse-leurs-activites.php#:~:text=%C3%80%20titre%20de%20comparaison%2C%20au,ou%20encore%20Ansett%20(Australie).

Le Trésor américain s'accorde avec 5 compagnies aériennes sur des milliards de prêts. (2020, juillet 9). Récupéré sur lefigaro.fr: https://www.lefigaro.fr/flash-eco/

le-tresor-americain-s-accorde-avec-5-compagnies-aeriennes-sur-des-milliards-de-prets-20200702

LeMonde. (2020, février 15). Un touriste chinois de 80 ans, infecté par le coronavirus et hospitalisé en France, est mort. Récupéré sur lemonde.fr: https://www.lemonde.fr/planete/article/2020/02/15/un-touriste-chinois-de-80-ans-infecte-par-le-coronavirus-et-hospitalise-en-france-est-mort_6029696_3244.html#:~:text=Il%20s'agit%20du%20premier,de%20la%20sant%C3%A9%2C%20Agn%C3%A8s%20Buzyn.&text=Hospitalis

Les salaires ont baissé pour les pilotes d'Air France. (2020, août 4). Récupéré sur capital.fr: https://www.capital.fr/entreprises-marches/les-salaires-ont-baisse-pour-les-pilotes-dair-france-1377092

Lesechos. (2017, Mars 13). Crises financières : 2008 n'est pas 1929. Consulté le Janvier 11, 2021, sur Archives.lesechos.fr: http://archives.lesechos.fr/archives/cercle/2017/03/13/cercle_167442.htm

Loïs-Larges. (2021, février 19). Boeing 777X : une première livraison encore repoussée. Récupéré sur capital.fr: https://www.capital.fr/entreprises-marches/boeing-777x-une-premiere-livraison-encore-repoussee-1394641

Malgré un trafic réduit lié au Covid-19, le nombre de morts dans des accidents d'avion a augmenté en 2020. (2021, janvier 2). Récupéré sur ladepeche.fr: https://www.ladepeche.fr/2021/01/02/malgre-un-trafic-reduit-lie-au-covid-19-le-nombre-de-morts-dans-des-accidents-davion-a-augmente-en-2020-9289232.php#:~:text=Un%20accident%20mortel%20tous%20les%203.7%20millions%20de%20vols&text=Selon%20les%20donn%C3%A9e

Manceau, J.-J. (2020, Mai 27). A380, La Fin D'Une Légende Des Airs. Récupéré sur forbes.fr: https://www.forbes.fr/business/a380-la-fin-dune-legende/#:~:text=La%20fin%20d'un%20g%C3%A9ant,D'un%20symbole.&text=Le%2020%20mai%202020%2C%20la,ses%209%20Airbus%20A%20380.

Marchand, L. (2017, juillet 8). Ava, l'appli pour les sourds qui traduit les conversations en direct. Récupéré sur lesechos.fr: https://www.lesechos.fr/2017/07/ava-lappli-pour-les-sourds-qui-traduit-les-conversations-en-direct-175583

Marchand, L. (2019, Novembre 20). Sourde à l'urgence climatique, la Chine brûle toujours plus de charbon. Récupéré sur lesechos.fr: https://www.lesechos.fr/industrie-services/energie-environnement/sourde-a-lurgence-climatique-la-chine-augmente-sa-production-de-charbon-1149385

Miserey, Y. (2011, Avril 27). lefigaro. Consulté le Janvier 11, 2021, sur https://www.lefigaro.fr/sciences/2011/04/27/01008-20110427ARTFIG00677-volcan-islandais-le-danger-etait-reel-pour-les-avions.php

Monde, L. (2020 , mars 17). Le monde face au coronavirus : l'UE ferme ses frontières extérieures, confinement et restrictions sur les cinq continents. Récupéré sur lemonde.fr: https://www.lemonde.fr/planete/article/2020/03/17/l-europe-ferme-ses-frontieres-les-etats-unis-commencent-a-se-confiner_6033336_3244.html

Norwegian Airlines : les salariés français ne sont plus payés depuis deux mois. (2021, mai 5). Récupéré sur francetvinfo.fr: https://www.francetvinfo.fr/sante/maladie/coronavirus/norwegian-airlines-les-salaries-ne-sont-plus-payes-depuis-deux-mois_4612463.html

Palierse, C. (2020, octobre 29). Covid-19 : une gigantesque vague de licenciements menace le monde du voyage. Récupéré sur lesechos.fr: https://www.lesechos.fr/industrie-services/tourisme-transport/covid-19-une-gigantesque-vague-de-licenciements-menace-le-monde-du-voyage-1260403#:~:text=Tourisme%20%2D%20Transport-,Covid%2D19%20%3A%20une%20gigantesque%20vague%20de%20licenciements%20menace%

Point, L. (2020, février 15). Coronavirus : un premier décès en France, annonce Agnès Buzyn. Récupéré sur lepoint.fr: https://www.lepoint.fr/sante/coronavirus-un-premier-deces-en-france-annonce-agnes-buzyn-15-02-2020-2362826_40.php

Poirier, D. (2019, juillet 25). Transport aérien : comment le low cost a révolutionné le secteur. Récupéré sur laprovence.com: https://www.laprovence.com/article/hub-tourisme/5609737/transport-aerien-comment-le-low-cost-a-revolutionne-le-secteur.html

Reuters. (2020, avril 30). Airbus propose un aménagement de ses avions passagers pour faire du transport cargo. Récupéré sur investir.lesechos.fr: https://investir.lesechos.fr/actions/actualites/airbus-propose-un-amenagement-de-ses-avions-passagers-pour-faire-du-transport-cargo-1907227.php

Rusi, S. (2020, Juillet 30). Coronavirus: liste des compagnies aériennes qui ont fait faillite au cours de cette période. Récupéré sur fr.airlinestravel.ro: https://fr.airlinestravel.ro/coronavirus-lista-companiilor-aeriene-care-au-falimentat-in-aceasta-perioada.html

Segond, A. (2019, octobre 23). Comment les compagnies aériennes réduisent leur consommation de kérosène et leurs émissions de CO_2. Récupéré sur lefigaro.fr: https://www.lefigaro.fr/societes/comment-les-compagnies-aeriennes-reduisent-leur-consommation-de-kerosene-et-leurs-emissions-de-co2-20191023

SimonCalder. (2016, août 9). It's the 10th anniversary of the lisquids ban on flights - but is it still necessary ? Récupéré sur independent.co.uk: https://www.

independent.co.uk/travel/news-and-advice/liquids-ban-flights-10th-anniversary-do-we-still-need-it-a7181216.html

Steiwer, N. (2020, décembre 7). Lufthansa s'accorde avec les syndicats sur la suppression de 29.000 postes. Récupéré sur lesechos.fr: https://www.lesechos.fr/industrie-services/tourisme-transport/lufthansa-saccorde-avec-les-syndicats-sur-la-suppression-de-29000-postes-1271738

Toulouse. Airbus dépose un brevet pour l'avion hydrogène. (2021, janvier 12). Récupéré sur ladepeche.fr: https://www.ladepeche.fr/2021/01/12/airbus-depose-un-brevet-pour-lavion-hydrogene-9306158.php

Trévidic, B. (2019, mars 13). Lufthansa modernise sa flotte et revend six A380... à Airbus ! Récupéré sur lesechos.fr: https://www.lesechos.fr/industrie-services/tourisme-transport/lufthansa-modernise-sa-flotte-et-vend-six-airbus-a380-1000132

Trévidic, B. (2020, Mai 19). Coronavirus : Thai Airways n'échappera pas au dépôt de bilan. Récupéré sur www.lesechos.fr: https://www.lesechos.fr/industrie-services/tourisme-transport/coronavirus-thai-airways-nechappera-pas-au-depot-de-bilan-1204267

Trévidic, B. (2020, novembre 9). La Norvège lâche la compagnie aérienne Norwegian. Récupéré sur lesechos.fr: https://www.lesechos.fr/industrie-services/tourisme-transport/la-norvege-lache-la-compagnie-aerienne-norwegian-1263425

V.S. (2001, Novembre 06). Sabena, une faillite sans précédent. Récupéré sur lalibre.be: https://www.lalibre.be/economie/entreprises-startup/sabena-une-faillite-sans-precedent-51b875a6e4b0de6db9a667ca

Vaccination certificates could become the new norm for travel: Qatar Airways chief. (2021, Janvier 18). Consulté le Janvier 2021, 2021, sur thepeninsulaqatar.com: https://www.thepeninsulaqatar.com/article/18/01/2021/Vaccination-certificates-could-become-the-new-norm-for-travel-Qatar-Airways-chief

Vigoureux, T. (2008, Mars 15). L'entretien des avions, véritable manne de Safran. Récupéré sur lefigaro.fr: https://www.lefigaro.fr/societes-francaises/2008/03/15/04010-20080315ARTFIG00580-l-entretien-des-avions-veritable-manne-de-safran-.php

Vigoureux, T. (2020, Mai 21). Pourquoi Air France accélère le retrait des Airbus A380. Récupéré sur lepoint.fr: https://www.lepoint.fr/economie/pourquoi-air-france-accelere-le-retrait-des-airbus-a380--21-05-2020-2376434_28.php

Wizzair . (2020, avril 14). Récupéré sur journal-aviation.com: https://www.journal-aviation.com/actualites/44160-aerien-la-compagnie-hongroise-wizz-air-supprime-1-000-postes

Communiqués de presse

ADP. (2021, mai 4). Covid-19 : Informations aux voyageur. Récupéré sur parisaeroport.fr: https://www.parisaeroport.fr/passagers/les-vols/covid-19-informations-voyageurs

Air France-KLM, Total, Groupe ADP et Airbus se mobilisent pour la décarbonation du transport aérien. (2021, mai 18). Récupéré sur https://www.airfranceklm.com/fr/air-france-klm-total-groupe-adp-et-airbus-se-mobilisent-pour-la-decarbonation-du-transport-aerien-et

Airbus. (2020). Airbus prévoit de nouvelles mesures d'adaptation à la situation COVID-19. Communiqué de presse, Toulouse. Consulté le mai 15, 2021, sur https://www.airbus.com/content/dam/corporate-topics/publications/press-release/2020/06/FR-COVID-19-Adaptation-Plan.pdf

Airbus. (2021, Mars 31). Corsair takes delivery of its first A330neo. Récupéré sur airbus.com: https://www.airbus.com/newsroom/press-releases/en/2021/03/corsair-takes-delivery-of-its-first-a330neo.html

Air-France. (s.d.). La maintenance d'Air France - Un protocole d'entretien pour chaque type d'avion. Récupéré sur airfrance.com: https://corporate.airfrance.com/fr/la-maintenance-dair-france

AirFrance-KLM. (2020). Année 2020. Ééconomique, Paris. Consulté le mai 9, 2021, sur https://www.airfranceklm.com/sites/default/files/q4_2020_press_release_fr_final.pdf

Armée-de-l'air-et-de-l'espace. (2020, avril 9). L'A330 Phénix, en version Morphée, vole au secours de la population. Récupéré sur defense.gouv.fr: https://www.defense.gouv.fr/air/actus-air/l-a330-phenix-en-version-morphee-vole-au-secours-de-la-population

Ghebreyesus, D. T. (2020, mars 11). Allocution liminaire du Directeur général de l'OMS lors du point presse sur la COVID-19 . Consulté le mars 7, 2021, sur who.int: https://www.who.int/fr/director-general/speeches/detail/who-director-general-s-opening-remarks-at-the-media-briefing-on-covid-19---11-march-2020

GMF, A. (2019, Septembre 18). Airbus prévoit un besoin de plus de 39 000 appareils neufs au cours des 20 prochaines années. Consulté le Janvier 14, 2021, sur Airbus.com: https://www.airbus.com/newsroom/press-releases/fr/2019/09/airbus-forecasts-need-for-over-39000-new-aircraft-in-the-next-20-years.html

Gouvernement-français. (2021). Covid-19 : un certificat sanitaire européen pour faciliter la libre circulation. Politique, Bruxelles. Consulté le mai 20, 2021, sur https://www.vie-publique.fr/en-bref/279133-covid-19-la-commission-europeenne-propose-un-certificat-vert-numerique

Gouvernement-français. (2021, mai 10). Pass sanitaire : toutes les réponses à vos questions. Consulté le mai 19, 2021, sur gouvernement.fr: https://www.gouvernement.fr/pass-sanitaire-toutes-les-reponses-a-vos-questions

Groupe-Emirates. (2021). Emirates Group announces half-year performance for 2020-21. Économique, Dubaï. Consulté le mai 9, 2021, sur https://www.emirates.com/media-centre/emirates-group-announces-half-year-performance-for-2020-21/#:~:text=DUBAI%2C%20U.A.E.%2C%2012%20November%202020,the%20same%20period%20last%20year.

IATA. (2010). Volcano Crisis Cost Airlines $1.7 Billion in Revenue - IATA Urges Measures to Mitigate Impact. Rapport de Presse N°15. Consulté le Avril 17, 2021, sur https://www.iata.org/en/pressroom/pr/2010-04-21-01/

IATA. (2009). Aviation & Climate Change. Aéronautique , Montréal. Consulté le Avril 26, 2021, sur https://www.iata.org/en/iata-repository/pressroom/fact-sheets/fact-sheet--climate-change/

IATA. (2018). AIR PASSENGER MARKET ANALYSIS. Économie Aéronautique, Montréal. Consulté le mai 3, 2021, sur https://www.iata.org/contentassets/57a5379c75c34c2881ba91238f786138/passenger-analysis-dec-2018.pdf

IATA. (2019). Résolution : Vers le déploiement mondial du suivi des bagages par RFID. Communiqué, Séoul. Récupéré sur https://www.iata.org/contentassets/638cad2c0eb6464eaa4ae176a2b98bcb/2019-06-02-05-fr.pdf

IATA. (2020). L'IATA expose son approche à plusieurs niveaux en vue du redémarrage de l'industrie. Aéronautique, Genève. Consulté le mai 18, 2021, sur https://www.iata.org/contentassets/4cb32e19ff544df590f3b70179551013/2020-05-19-01-fr.pdf

Lufthansa-Group. (2020). Lufthansa Group prepares for strong demand growth in 2021 after operating loss of 5.5 billion euros. Berlin. Consulté le mai 9, 2021, sur https://www.lufthansagroup.com/en/newsroom/releases/lufthansa-group-prepares-for-strong-demand-growth-in-2021-after-operating-loss-of-5-5-billion-euros.html

Qatar Airways Becomes the First Global Carrier To Operate Honeywell's Ultraviolet Cabin Cleaning Technology. (2020, séptembre 28). Récupéré sur https://www.qatarairways.com/en/press-releases/2020/september/qatar-airways-becomes-the-first-global-carrier-to-operate-honeyw.html

Qatar Airways to Operate World's First Fully COVID-19 Vaccinated Flight. (2021, avril 6). Récupéré sur https://www.qatarairways.com/en/press-releases/2021/April/Worlds-First-Vaccinated-Flight.html

Qatar-Airways. (s.d.). Votre sécurité est notre priorité. Récupéré sur https://www.qatarairways.com/fr-fr/safety-measures.html

Thales. (s.d.). Reconnaissance faciale : 7 tendances à suivre pour 2021. Consulté le Janvier 20, 2021, sur https://www.thalesgroup.com/fr/europe/france/dis/gouvernement/biometrie/reconnaissance-faciale

Virgin-Atlantic. (2016). The effects of giving Captains feedback and targets on SOP fuel and carbon efficiency information. Aéronautique, Londres. Consulté le mai 1, 2021, sur https://www.virginatlantic.com/content/dam/vaa/documents/footer/sustainability/VAA_Captains_Study_Summary_FINAL_170616.pdf

Documentaires et vidéos

Eurocontrol (Réalisateur). (2020). *Air traffic situation over Europe - 31 March 2019 vs 29 March 2020* [Film]. Europe. Récupéré sur https://www.youtube.com/watch?v=5ebn4O9i9nU

Fang-bin (Réalisateur). (2020). À Wuhan, ces lanceurs d'alerte chinois qui filment la réalité de l'épidémie de coronavirus Covid-19 [Film]. France24. Consulté le mai 3, 2021, sur https://www.youtube.com/watch?v=jcR_d6Tg5E4

Interview with Frédéric Revol - The impact of Covid-19 on the aviation Industry (2021). [Film]. France. Consulté le mai 17, 2021, sur https://www.youtube.com/watch?v=wfYxBpifl5Q

Quels scenarios de sortie de crise pour le secteur aérien ? (2020). [Film]. Consulté le mai 19, 2021, sur https://www.youtube.com/watch?v=c5GHrgAOkaI

Livres

Aristote. (-329). Rhétorique. Athènes.

Attali, J. (1981). Les Trois Mondes - pour une théorie de l'après-crise. Paris: Fayard. Consulté le mai 3, 2021, sur Les Trois Mondes - pour une théorie de l'après-crise

Cabanes, B., Loukakos, N., & Baudry, P. (2011). Guide pratique du pilote de ligne. Eyrolles. Consulté le Avril 19, 2021

Klaus-Schwab, & Thierry-Malleret. (2020). COVID-19: The Great Reset. Forum Publishing. Consulté le mai 5, 2021

McCullough, D. (2016). The Wright Brothers.

McLuhan, M. (1967). The Medium is the Message. Londres: Poche. Consulté le mai 3, 2021

Tootell, B. (1985). All Four Engines Have Failed: The True and Triumphant Story of Flight BA 009 and the Jakarta Incident.

Rapports et études

Air traffic flow management. (2018, juillet 12). Récupéré sur ecologie.gouv.fr: https://www.ecologie.gouv.fr/en/air-traffic-flow-management-0#:~:text=Air%20traffic%20flow%20management%20(usually,available%20capacity%20is%20used%20efficiently.

Airbus. (2021). Airbus reports Full-Year (FY) 2020 results. Économique, Toulouse . Consulté le mai 15, 2021, sur https://www.airbus.com/newsroom/press-releases/en/2021/02/airbus-reports-full-year-2020-results.html

Airbus. (s.d.). Global Market Forecast. Récupéré sur Airbus.com: https://www.airbus.com/aircraft/market/global-market-forecast.html

AirFranceKLM. (2019). Le groupe Air-France KLM chiffres clé. Aéronautique, Paris. Consulté le mai 4, 2021, sur https://www.airfranceklm.com/sites/default/files/af-klm_chiffrescles_2019_fr_20.05_mel_0.pdf

AirFrance-KLM. (2020). Trimestre 2. Ééconomique, Paris. Consulté le mai 9, 2021, sur https://www.airfranceklm.com/sites/default/files/q2_2020_press_release_fr_final.pdf

AirFrance-KLM. (2020). Trimestre 1. Économique, Paris. Consulté le mai 9, 2021, sur https://www.airfranceklm.com/sites/default/files/q1_2020_press_release_fr_final_0.pdf

AirFrance-KLM. (2020). Trimestre 3. Ééconomique, Paris. Consulté le mai 9, 2021, sur https://www.airfranceklm.com/fr/system/files/q3_2020_press_release_fr_final.pdf

Amabassade-Thaïlande. (s.d.). List of ASQ (Alternative State Quarantine). Récupéré sur https://docs.google.com/spreadsheets/d/1z9a0-ROZXm1OJX13LHxkanKCS0h5O60sCfhx5LuMHoY/edit#gid=2132420569

Baker, A. A. (2017). Qatar Airways Group Environmental Policy. Écologique, Doha. Consulté le mai 01, 2021, sur https://www.qatarairways.com/content/dam/documents/environmental/Environmental-policy-EN.pdf

Berger, G. (1964, Février 01). La Prospective. Consulté le Janvier 12, 2021, sur http://www.laprospective.fr/dyn/francais/memoire/phenominologietemps.pdf

Boeing. (2021). Boeing Reports Fourth-Quarter Results. Économique, Chicago. Consulté le mai 15, 2021, sur https://boeing.mediaroom.com/2021-01-27-Boeing-Reports-Fourth-Quarter-Results?asPDF=1

Bréchemier, D., & Combe, E. (2020, Décembre 22). Avant le Covid-19, le transport aérien en Europe : un secteur déjà fragilisé. Paris: Fondapol. Consulté le Décembre 26, 2020, sur http://www.fondapol.org/etude/apres-le-covid-19-le-transport-aerien-en-europe-le-temps-de-la-decision/

Bréchemier, D., & Combe, E. (2020, Décembre 22). Fondapol. Consulté le Décembre 26, 2020, sur http://www.fondapol.org/etude/avant-le-covid-19-le-transport-aerien-en-europe-un-secteur-deja-fragilise/

Brian-Pearce. (2020). Cash burn analysis. Montréal: IATA. Consulté le mai 7, 2021, sur https://www.iata.org/en/iata-repository/publications/economic-reports/covid-19-cash-burn-analysis/

CatheyPacific. (2021). 2020 Annual Results. Économique, Hongkong. Consulté le mai 9, 2021, sur https://www.cathaypacific.com/content/dam/cx/about-us/investor-relations/announcements/en/2020_annual_results_announcement_en.pdf

Claude-Lelaie, & Airbus. (2016). Wake Vortices. Aéronautique, Toulouse. Consulté le avril 29, 2021, sur safetyfirst.airbus.com: https://safetyfirst.airbus.com/app/themes/mh_newsdesk/pdf.php?p=32643

David, L. (2020). The contribution of global aviation to anthropogenic climate forcing for 2000 to 2018. Manchester: Faculty of Science and Engineering, Manchester Metropolitan University. doi:https://doi.org/10.1016/j.atmosenv.2020.117834

DGAC. (2016). Gestion locale des départs . Aéronautique, Lyon. Consulté le mai 5, 2021, sur https://www.sia.aviation-civile.gouv.fr/pub/media/store/documents/file/l/f/lf_circ_2016_a_016_fr.pdf#:~:text=La%20TOBT%20(Target%20Off%20Block,vers%20le%20syst%C3%A8me%20A%2DCDM.&text=L'EOBT%20(Estimated%20Off%2D,d%C3%A9part%20bloc%20plan%20de%20vol.

DGAC. (2016). Mise en oeuvre des minimums de séparation RECAT-EU . Paris: Service de l'information Aéronautique. Consulté le avril 29, 2021, sur https://www.sia.aviation-civile.gouv.fr/pub/media/store/documents/file/l/f/lf_circ_2016_a_003_fr.pdf

DGAC. (2020). Décision DSAC/DPTN n°044 du 30 mars 2020. Aéronautique, Paris. Consulté le mai 14, 2021, sur https://www.ecologie.gouv.fr/sites/default/files/dsac_pn_dir_044_derogation_aircrew_pros.pdf

DGAC. (2020). Bulletin d'Information (BI 2020/03). Aéronautique, Paris. Consulté le mai 14, 2021, sur https://documentation.osac.aero/view/289314

DGAC. (2020). Dérogation 20-152 du 1er décembre 2020 . Aéronautique, Paris. Consulté le mai 14, 2021, sur https://www.ecologie.gouv.fr/sites/default/files/DSAC_PN_Dir_20_152_Derogation_extension_qualifications_PN.pdf

DGAC. (2020). Dérogation DSAC/PN 20-151 . Aéronautique, Paris. Consulté le mai 14, 2021, sur https://www.ecologie.gouv.fr/sites/default/files/DSAC_PN_Dir_20_151_Derogation_extensions_validites_medicales.pdf

DGAC-DSAC. (2021). Mesures prises par la France dans le domaine de la sécurité aérienne pour faire face aux conséquences de l'épidémie COVID-19. Paris.

Consulté le mai 14, 2021, sur https://www.ecologie.gouv.fr/mesures-prises-france-dans-domaine-securite-aerienne-faire-face-aux-consequences-lepidemie-covid-19#scroll-nav__1

EASA. (2014). EASA FTL Regulations Combined Document. Aéronautique, Bruxelles. Consulté le mai 21, 2021, sur https://www.eurocockpit.be/sites/default/files/combined_easa_ftl_regulations_ukcaa_2014_0218.pdf

EASA. (2015). Action plan for the implementation of the Germanwings Task Force recommendations. Aéronautique, Bruxelles. Consulté le mai 17, 2021, sur https://www.easa.europa.eu/download/various/GW_actionplan_final.pdf

EASA. (2020). Boeing 737-8 MAX and 737-9 MAX - Suspension of Flight Operations. Aéronautique, Bruxelles. Consulté le mai 15, 2021, sur https://ad.easa.europa.eu/blob/EASA_SD_2019_01_superdeded.pdf/SD_SD-2019-01_1

EASA. (s.d.). Volcanic Ash. Consulté le Avril 16, 2021, sur easa.europa.eu: https://www.easa.europa.eu/domains/safety-management/volcanic-ash#group-easa-downloads

Eurocontrol. (2020). Air Traffic situation: Tue 14 April & Week 15 (6-12 April) (compared with equivalent day in 2019). Aéronautique, Bruxelles. Consulté le mai 7, 2021, sur https://www.eurocontrol.int/sites/default/files/2020-04/covid19-eurocontrol-comprehensive-air-traffic-assessment-14042020.pdf

Eurocontrol. (2020, Novembre 4). Five-Year Forecast 2020-2024. Récupéré sur https://www.eurocontrol.int/publication/eurocontrol-five-year-forecast-2020-2024

Eurocontrol. (2021, Janvier 22). Consulté le Janvier 22, 2021, sur https://www.eurocontrol.int/traffic-scenario/eurocontrol-issues-new-draft-traffic-scenarios

Eurocontrol. (2021, janvier 28). New Eurocontrol Traffic Scenarios factor in latest COVID impacts on European aviation. Récupéré sur https://www.eurocontrol.int/traffic-scenario/new-eurocontrol-traffic-scenarios-factor-latest-covid-impacts-european-aviation

France, S. p. (2020). Point épidémiologique hebdomadaire du 16 avril 2020. Santé, Ministère de la santé, Paris. Consulté le mai 3, 2021, sur https://www.santepubliquefrance.fr/maladies-et-traumatismes/maladies-et-infections-respiratoires/infection-a-coronavirus/documents/bulletin-national/covid-19-point-epidemiologique-du-16-avril-2020

IATA. (2008, Septembre 3). COMMUNIQUÉ N°:41. Communiqué. Consulté le Janvier 7, 2021, sur iata.org: https://www.iata.org/contentassets/817b241046dd45eda561fbf89e184ff8/french-pr-2008-09-03-01.pdf

IATA. (2021). Fact Sheet: IATA Travel Pass. Sanitaire, Montréal. Consulté le mai 19, 2021, sur https://www.iata.org/en/iata-repository/pressroom/fact-sheets/fact-sheet---iata-travel-pass/

ICAO. (2014). Development of Regional ATFM Framework. Aéronautique, Bangkok. Consulté le mai 5, 2021, sur https://www.icao.int/APAC/Meetings/2014%20ATFMSG4/WP06%20ATFM%20Terminology.pdf

ICAO. (2019). Aviation Benefits Report. Aéronautique, Montréal. Consulté le mai 4, 2021, sur https://www.icao.int/sustainability/Documents/AVIATION-BENEFITS-2019-web.pdf

ICAO. (2019). Doc 10140 - Résolutions de l'Assemblée en vigueur. Climatique Aéronautique, Montréal. Consulté le Avril 26, 2021, sur https://www.icao.int/publications/Documents/10140_fr.pdf

ICAO-NASA. (1996). Principles and guidlines for duty and rest scheduling in commercial aviation . Consulté le mai 5, 2021, sur https://www.icao.int/safety/Implementation/Library/Duty%20times%20fatigue.pdf#search=duty%20time

Michel-Borel. (2013, Octobre 1). La prospective : une discipline de niveau stratégique au service du dialogue. Sécurité globale 2008/4 (N° 6). cairn-info. Consulté le Janvier 2, 2021, sur https://www-cairn-info.ezscd.univ-lyon3.fr/revue-securite-globale-2008-4-page-83.htm

Ministère-de-la-transition-écologique. (2016). L'aviation, premier secteur à se doter d'un dispositif mondial de maitrise de ses émissions de CO_2. Écologie, Montréal. Consulté le Avril 26, 2021, sur https://www.ecologie.gouv.fr/sites/default/files/plaquette%20GMBMpap.pdf

Ministère-de-la-transition-écologique. (2020). Journal officiel électronique authentifié n° 0082. Paris. Consulté le mai 14, 2021, sur https://www.legifrance.gouv.fr/download/pdf?id=6iKNpVbDbFOOniCqLXOQEjg8dfuYLobMvhwak3XtkyQ=

Ministère-de-la-transition-écologique. (2020). Report de plusieurs taxes et redevances aéronautiques. Politique, Paris. Consulté le mai 13, 2021, sur https://www.ecologie.gouv.fr/report-plusieurs-taxes-et-redevances-aeronautiques

OACI. (1944, Decembre 7). Convention on International Civil Aviation. Aéronautique, Chicago. Consulté le Janvier 14, 2021, sur ICAO: https://www.icao.int/publications/documents/7300_orig.pdf

OACI. (2010). Règles normatives pour la gestion de la fatigue . Droit Aérien, Montréal. Consulté le mai 5, 2021, sur https://www.icao.int/safety/fatiguemanagement/FRMS%20Tools/Amendment%2037%20for%20FRMS%20SARPS%20-AttA%20(fr).pdf#search=Exploitation%20technique%20des%20a%C3%A9ronefs

OACI. (2012). Gestion et coordination des crises régionales . Note de travail, Montréal. Consulté le Avril 18, 2021, sur https://www.icao.int/Meetings/anconf12/WorkingPapers/ANConfWP51.4.1.FR.pdf

OACI. (2017). Wake Turbulence Separation in RVSM Airspace. Aéronautique, Regional Aviation Safety Group - Middle East, Bahrain. Récupéré sur https://www.icao.int/MID/Documents/2017/RASG-MID6/WP%2025%20-%20RVSM.pdf

OACI. (2021). Effects of Novel Coronavirus (COVID-19) on Civil Aviation : Economic Impact analysis. Économique, Montréal. Consulté le mai 8, 2021, sur https://www.icao.int/sustainability/Documents/Covid-19/ICAO_coronavirus_Econ_Impact.pdf

OACI. (2021). La COVID-19 fait chuter le nombre total de passagers de 60 % en 2020. Résultats, Montréal. Consulté le mai 8, 2021, sur https://www.icao.int/Newsroom/Pages/FR/2020-passenger-totals-drop-60-percent-as-COVID19-assault-on-international-mobility-continues.aspx

OACI. (2021). La COVID-19 fait chuter le nombre total de passagers de 60 %. Économique Aéronautique, Montréal. Consulté le mai 8, 2021, sur https://www.icao.int/Newsroom/NewsDoc2021fix/COM.02.21.FR.pdf

OACI. (s.d.). L'aviation mondiale et l'économie mondiale. Faits et chiffres , Montréal. Consulté le mai 6, 2021, sur https://www.icao.int/sustainability/Pages/FR/Facts-Figures_WorldEconomyData_FR.aspx

OMS. (2021). WHO-convened global study of origins of SARS-CoV-2. Scientifique, WHO. Consulté le Avril 21, 2021, sur https://www.who.int/publications/i/item/who-convened-global-study-of-origins-of-sars-cov-2-china-part

Pearce, B. (2006). THE IMPACT OF THE 9/11 TERRORIST ATTACKS. Rapport Economique. Récupéré sur https://www.iata.org/en/iata-repository/publications/economic-reports/impact-ofsept-11th-2001-attack/

Pearce, B. (2020, Octobre 27). Can costs be downsized to make the industry cash positive ? Économique, Montréal. Consulté le Janvier 22, 2021, sur iata.org: https://www.iata.org/en/iata-repository/publications/economic-reports/can-costs-be-downsized-to-make-the-industry-cash-positive/

RECATEGORISAT, A. F.-T. (2020). A fine-tuned wake vortex recategorisation. Paris: DGAC. Consulté le avril 29, 2021, sur https://www.ecologie.gouv.fr/sites/default/files/RECAT_EU.pdf

Ricol, R. (2008). Rapport sur la crise financière. Rapport officiel , Paris. Consulté le Avril 16, 2021, sur https://www.vie-publique.fr/sites/default/files/rapport/pdf/084000587.pdf

Salomon, j. (2020). Point de situation DGS - 8 avril 2020. Paris: Ministère de la santé. Consulté le mai 3, 2021, sur https://solidarites-sante.gouv.fr/IMG/pdf/synthese_ppresse_js-_8_avril_20.pdf

UE. (2004). Règles communes en matière d'indemnisation et d'assistance des passagers. Réglementaire, Bruxelles. Consulté le mai 7, 2021, sur https://eur-lex.europa.eu/legal-content/FR/TXT/HTML/?uri=CELEX:32004R0261&from=FR

UE. (2011). Avion : les liquides toujours interdits dans les bagages à main., (p. 1). Bruxelles. Consulté le mai 17, 2021, sur https://www.europarl.europa.eu/news/fr/headlines/economy/20110513STO19337/avion-les-liquides-toujours-interdits-dans-les-bagages-a-main

UE. (2012). Journal officiel de l'Union Européenne. Bruxelles: C 326. Consulté le mai 14, 2021, sur https://eur-lex.europa.eu/legal-content/FR/TXT/PDF/?uri=OJ:C:2012:326:FULL&from=FR

UE. (2020). Aide d'État SA.56765 (2020/N). Politique, Bruxelles. Consulté le mai 14, 2021, sur https://ec.europa.eu/competition/state_aid/cases1/202017/285237_2150596_52_7.pdf

UE. (2020). Aides d'État: la Commission autorise un projet français d'octroi d'un soutien de trésorerie urgent de 7 milliards € à Air France. Bruxelles. Consulté le mai 13, 2021, sur https://ec.europa.eu/commission/presscorner/detail/fr/ip_20_796

UE. (2020). Aides d'État: la Commission autorise une mesure allemande de 6 milliards € destinée à recapitaliser Lufthansa. Bruxelles. Consulté le mai 13, 2021, sur https://ec.europa.eu/commission/presscorner/detail/fr/IP_20_1179

UE. (2020). COVID-19: Council agrees its position on helping airlines by suspending slot requirements. Politique, Bruxelles. Consulté le mai 7, 2021, sur https://www.consilium.europa.eu/fr/press/press-releases/2020/03/20/covid-19-council-agrees-its-position-on-helping-airlines-by-suspending-slot-requirements/

UE. (2020). COVID-19: EU Member States join forces to keep priority traffic moving. Politique, Bruxelles. Consulté le mai 7, 2021, sur https://eu2020.hr/Home/OneNews?id=219

UE. (2020). Guidelines for border management measures to protect health and ensure the availability of goods and essential services. Politique, Bruxelles. Consulté le mai 7, 2021, sur https://ec.europa.eu/home-affairs/sites/default/files/what-we-do/policies/european-agenda-migration/20200316_covid-19-guidelines-for-border-management.pdf

UE. (2020). Règlement du parlement européen et du conseil modifiant le réglement N° 95/93 . Politique, Bruxelles. Consulté le mai 7, 2021, sur https://data.consilium.europa.eu/doc/document/PE-4-2020-REV-1/fr/pdf

UE. (2020). State aid: Commission approves €199.45 million Italian support to compensate Alitalia for damages suffered due to coronavirus outbreak. Bruxelles. Consulté le mai 13, 2021, sur State aid: Commission approves €199.45 million

Italian support to compensate Alitalia for damages suffered due to coronavirus outbreak

UE. (2020). State aid: Commission approves €290 million Belgian support to Brussels Airlines in the context of the coronavirus outbreak. Bruxelles. Consulté le mai 13, 2021, sur https://ec.europa.eu/commission/presscorner/detail/en/IP_20_1507

UE. (2020). Vidéoconférence des ministres des affaires étrangères, 23 mars 2020. Politique, Bruxelles. Consulté le mai 7, 2021, sur https://www.consilium.europa.eu/fr/meetings/fac/2020/03/23/

UE. (2021). Coordinated actions. Droit, Commission européenne , Bruxelles. Consulté le mai 7, 2021, sur https://ec.europa.eu/info/live-work-travel-eu/consumer-rights-and-complaints/enforcement-consumer-protection/coordinated-actions_en#airline-cancellations

UE. (2021). Covid-19 : un certificat sanitaire européen pour faciliter la libre circulation. Politique, Bruxelles. Consulté le mai 19, 2021, sur https://www.vie-publique.fr/en-bref/279133-covid-19-la-commission-europeenne-propose-un-certificat-vert-numerique

Sites internet

Airbus. (2018). Christian Scherer - Chief Commercial Officer and Head of Airbus International. Consulté le Janvier 14, 2021, sur Airbus.com: https://www.airbus.com/company/corporate-governance/christian-scherer.html

Airbus. (s.d.). A380 - Innovation. Récupéré sur airbus.com: https://www.airbus.com/aircraft/passenger-aircraft/a380/innovation.html#reliability

Airbus. (s.d.). ZEROe. Récupéré sur airbus.com: https://www.airbus.com/innovation/zero-emission/hydrogen/zeroe.html#overview

AirFrance. (s.d.). La compagnie. Récupéré sur corporate.airfrance.com: https://corporate.airfrance.com/fr/la-compagnie

Ambassade-Thaïlande. (s.d.). Certificate of Entry (COE). Récupéré sur https://coethailand.mfa.go.th/regis/index?checkconfirm=true

Ambassade-Thaïlande. (s.d.). Covid-19 Insurance. Récupéré sur https://covid19.tgia.org/

Ambassade-Thaïlande. (s.d.). Partir en Thaïlande pendant la COVID-19 (pour les non-thaïlandais). Récupéré sur http://www.thaiembassy.fr/fr/voyagecovid/

Ambassade-Thaïlande. (s.d.). Visa. Récupéré sur http://www.thaiembassy.fr/fr/visa-rdv/infos-generales/

Boeing. (s.d.). Boeing in Brief. Récupéré sur boeing.com: https://www.boeing.com/company/general-info/

Bombardier. (s.d.). Les avions C Series : un chapitre dont nous serons toujours fiers! Récupéré sur bombardier.com: https://bombardier.com/fr/qui-nous-sommes/notre-histoire

ICAO. (s.d.). Consulté le Janvier 14, 2021, sur https://www.icao.int/about-icao/Pages/FR/default_FR.aspx

ICAO. (s.d.). DOC 8643 - Aircraft Type Designators . Récupéré sur icao.int: https://www.icao.int/publications/DOC8643/Pages/Search.aspx

ICAO. (s.d.). Au sujet de l'OACI . Consulté le Janvier 14, 2021, sur https://www.icao.int/about-icao/Pages/FR/default_FR.aspx

Macrotrends. (s.d.). Consulté le Janvier 8, 2021, sur https://www.macrotrends.net/1369/crude-oil-price-history-chart

Pierrejeanniot. (2017, May 3). Named Officer of the French Légion d'Honneur. Consulté le Janvier 14, 2021, sur http://pierrejeanniot.com/named-officer-french-legion-dhonneur/

Prix du baril - Le cours officiel du pétrole. (2021, mai 9). Récupéré sur https://prix-dubaril.com/

SingaporeAirlines. (s.d.). New A380 Suites. Récupéré sur singaporeair.com/: https://www.singaporeair.com/en_UK/us/flying-withus/cabins/suites/new-a380-suites/

Thailand. (s.d.). List of semi-com flight. Récupéré sur https://docs.google.com/spreadsheets/d/1ijBJOTgFJPAuWUfkPIA60iniXB9j9Ba2XHafXzA6JCw/edit#gid=2100613241

Tytelman, X. (2013, Décembre 14). Quelle est la durée de vie d'un avion ? Récupéré sur peuravion.fr: http://www.peuravion.fr/blog/2013/12/quelle-est-la-duree-de-vie-dun-avion/

Tytelman, X. (2014, Août 10). Qu'est-ce que le « décrochage » d'un avion de ligne. Récupéré sur peuravion.fr: http://www.peuravion.fr/blog/2014/08/decrochage-avion-de-ligne/

Tytelman, X. (s.d.). Comprendre sa peur de l'avion. Récupéré sur peuravion.fr: http://www.peuravion.fr/comprendre-et-surmonter-sa-peur-de-lavion/#:~:text=La%20peur%20de%20l'avion,progressivement%20et%20sans%20raison%20apparente.&text=Plusieurs%20%C3%A9l%C3%A9ments%20appel%C3%A9s%20en%20psychologie,dimensions%E2%80%9D%20peuvent%20exp

www.ingramcontent.com/pod-product-compliance
Ingram Content Group UK Ltd.
Pitfield, Milton Keynes, MK11 3LW, UK
UKHW021910190726
13853UKWH00002B/607